INVENTAIRE

G 6630

I0111743

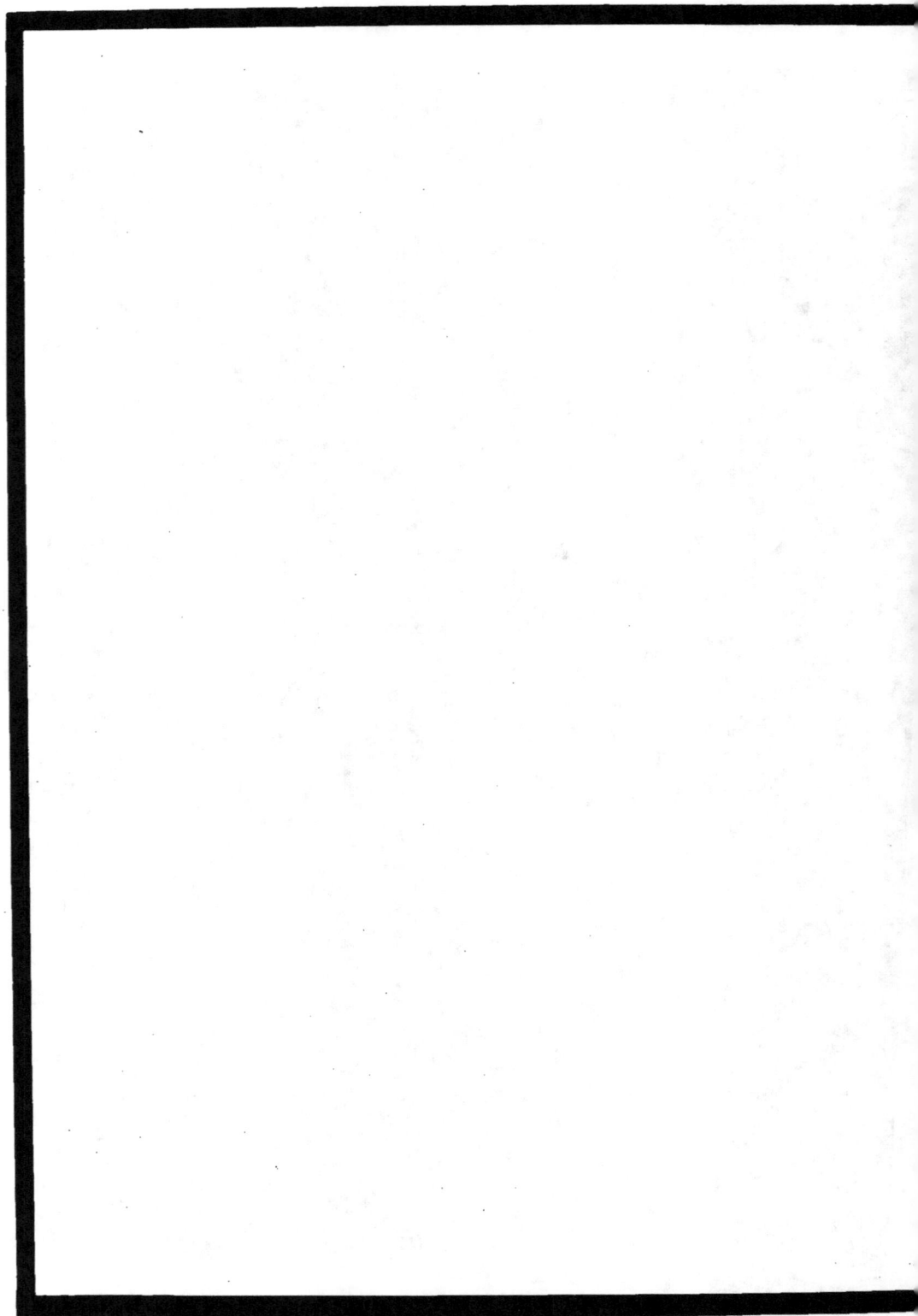

FERRET 1975

FRANCE

BIBLIOTHÈQUE NATIONALE R.F. ESTAMPES

CE beau pays peut rivaliser avec les plus grandes nations de l'antiquité et des temps modernes. Son influence s'étend sur le globe entier. Ses agitations, ses révolutions, ou la paix intérieure dont elle jouit, se communiquent aux autres peuples. Fière d'accomplir sa mission providentielle, elle entraîne les masses, elle les pousse dans les voies de sa civilisation. Partout où s'offre une noble entreprise, de la gloire à cueillir, des peuples à délivrer, elle est la première à l'œuvre. De la Moskowa aux Pyramides, du Mexique aux rives du Gange ; elle a ébranlé le monde par de prodigieuses et sanglantes conquêtes. Son histoire est une série de conquêtes quelquefois blâmables, toujours brillantes, lorsqu'elles sont dirigées par ses chefs. Mais c'est une série de hardis essais ou de généreux dévouements, lorsque sa voix seule est écoutée.

La France est le foyer où s'alimente l'humanité. Les sciences, les lettres, les arts y ont des temples : l'indépendance et la liberté se sont réfugiées sous son égide. Pareille au soleil entouré de ses satellites, elle voit les peuples graviter vers son centre, et diriger leur marche dans le sens de la sienne : son drapeau a fait et fera encore le tour du monde.

La France est comprise entre le 42° 20′ et le 51° 5′ de latitude N. et entre le 7° 9′ de long. O. et 5° 56′ E. Elle a pour bornes au Nord la Manche, la Belgique, les provinces rhénanes de la Bavière et de la Prusse ; à l'Est, le Rhin, le mon Jura, les Alpes, qui la séparent du grand-duché de Bade de la Suisse et des États-Sardes ; au Sud, la Méditerranée et les Pyrénées ; à l'Ouest, l'océan Atlantique. Dans sa plus grande longueur du Nord au Sud (de Dunkerque à Nice) elle a 360 lieues ; elle en a 280 dans sa plus grande largeur, de l'Est à l'Ouest (de Strasbourg à Brest). Sa superficie est de 58,452,600 hectares, ou 37,172 lieues carrées de 4.000 mètres. La France portait dans l'antiquité le nom de Gaule ou Celtique elle est divisée en 89 départements renfermant une population de 38,500,910 habitants. La France est baignée à l'extérieur par l'océan Atlantique et la Méditerranée qui forment sur ses côtes les golfes du Lion au sud; de Gascogne au Sud-Ouest; les baies du Morbihan, de Cancale, de Saint-Brieuc, à l'ouest, et les détroits dits Pas-de-Calais, entre l'Angleterre et la France; Pertuis-Breton, entre l'Ile de Ré et le département de la Vendée; Pertuis-d'Antioche entre l'île de Ré et celle d'Oléron; Bouches de Bonifacio, dans la Méditerranée, etc. L'intérieur de la France renferme peu de lacs. Les plus remarquables sont ceux d'Annecy, Leman, faisant partie de la Haute-Savoie; du Bourget en Savoie, d'Alègre (Haute-Loire); Grand-Lieu (Loire-Inférieure) Barbarjau (Haute-Garonne); Ou le plus haut passage des Pyrénées près de Bagnères-de-Luchon; le bassin d'Arcachon; les étangs de Cazau, de Berre (Bouches-du-Rhône) et ceux des départements de l'Ain et de l'Indre. En revanche, de nombreux courants d'eau, distribués par la nature avec une rare intelligence, répandent partout l'abondance et la fertilité. On compte six grands bassins où coulent les six principaux fleuves qui arrosent la France, quatre-vingt-quatorze rivières navigables, sur une étendue plus ou moins longue, et plus de cinq mille petites rivières ou ruisseaux, dont un grand nombre flottables. Les six fleuves sont le Rhin, la Meuse, la Seine, la Loire, le Rhône, et la Garonne. Parmi les rivières, on doit citer l'Escaut, l'Aa, l'Aisne, le Doller, la Marne, l'Aube, l'Oise, la Somme, l'Orne, la Vire, la Selune, la Rance, l'Aulne, le Blavet, la Vilaine, la Sèvre-Niortaise, la Vienne, la Creuse, l'Indre, le Cher, l'Allier, le Doubs, l'Isère, la Charente, l'Adour, le Tet, l'Aube, l'Orbe, l'Hérault, le Var, le Gard, la Durance.

Trois climats principaux se partagent la France : celui du nord, pluvieux, humide ; celui du midi, chaud, doux, tempéré; celui du centre, prenant le mieux de l'un et de l'autre. Le nord est triste, il y a peu de beaux jours ; les hivers y sont longs, quelquefois très-rigoureux; le printemps est comme une saison de passage, dont le manouvrier profite pour presser la terre. Il se hâte de lui arracher ses moissons avant que le ciel ne les détruise ; puis il les enferme, et tout son hiver se passe à les dépouiller. Le méridional n'a plus les mêmes soucis : l'ouragan est tout ce qu'il redoute, si le fléau ne passe pas sur les champs de blé, à lui l'espérance. Dépouiller ses épis ne sera plus qu'un jeu. Son été est long, son automne long encore, et il ne craint guère l'hiver qu'en février. On peut dire que l'Italie est dans le midi de la France. Le ciel, dans la belle saison, n'a pas d'autres nuages que ceux dont il se couvre parfois pour rafraîchir le jour. Puis vient la nuit, une nuit étoilée, douce, avec un air embaumé, dont l'influence fait oublier les peines à l'homme des champs.

L'industrie est très-active en France; le nord et l'est, en ce point, l'emportent sur les autres parties. Paris est le grand foyer, puis vient Lyon, Rouen, Lille, Saint-Quentin, Strasbourg, Mulhouse, Saint-Étienne, Sedan, Elbeuf, Reims, et en général les villes maritimes, comme Marseille, Nantes, etc. Il est fâcheux qu'Angers et Toulouse restent en dehors du cercle industriel, et languissent contentes, la première de ses beaux sites, la deuxième de son beau ciel et de ses plaisirs. Malheureusement, leur apathie réagit sur tous les pays qui les entourent ; on sait généralement que l'ouest et le midi, où l'on trouve tant de sagacité, de hardiesse et même de génie, sont en arrière en fait d'industrie et d'idées nouvelles.

La France ne peut marcher à la tête des peuples, si elle ne les domine par la merveilleuse loi du progrès. Or, l'instruction publique appliquée et dirigée avec intelligence, en est un des plus puissants mobiles : c'est la grande force qui pousse les hommes dans cette grande voie d'association qui, remuant à la fois toutes les conditions, leur imposera les lois de l'harmonie et donnera à chacun, suivant sa capacité, une large place dans la société. L'enseignement en France se divise en trois degrés : enseignement primaire, enseignement secondaire, enseignement supérieur.

ANGLETERRE

E royaume est environné de tous côtés par la mer, il a environ 150 lieues dans sa plus grande longueur du nord au sud et 120 lieues dans sa plus grande largeur de l'est à l'ouest; sa superficie est de 9,921 lieues carrées sans y comprendre la principauté de Galles; sa population est de 29,000,000 d'habitants.

L'Angleterre est l'un des pays les plus pittoresques qui existent. De toutes parts on n'y aperçoit que des montagnes ou des collines entremêlées de plaines et de prairies parées de la plus belle verdure, de vallées fertiles, de forêts ou de bouquets de bois disséminés çà et là. Il y existe de nombreux et excellents pâturages et plusieurs masses de belles forêts, telles que celles de New Forest, Sherwood, Berc, Dean et Windsor. Dans la partie occidentale s'élève une série de montagnes qui se dirigent avec quelque déviation du S. O. au nord, depuis le comté de Cornouailles jusqu'à celui de Cumberland, et que l'on peut considérer comme ne formant qu'une même chaîne, quoiqu'elle soit interrompue par le canal de Bristol et les terres basses des comtés de Lancastre et de Chester. Ces montagnes sont les plus hautes de l'île. Sous le rapport de son hydrographie, peu de contrées sont plus favorisées que l'Angleterre, et on y compte une multitude de rivières dont les plus considérables sont la Tamise, la Secern, la Meduray, la Trent, l'Ouse, la Tyne, la Tees, la Wear, la Mecrez, la Dee, l'Humber, l'Avon, l'Eden et la Derwent. Il y a, en outre, près de trois cents canaux dont les principaux sont ceux d'Anctown, d'Achby-de-la-Zouch, Baringstone, Birmingham, Becken, Chesterfield, Coventry et Oxford, Ellesmere, le grand canal de Jonction et celui du grand Tronc, ceux de Glocester et de Berkley, de Ringston avec lesquels sont venus rivaliser, depuis quelques années, des chemins de fer qui sillonnent le pays dans tous les sens et lui ouvrent des communications aussi rapides que faciles. Tout le monde a entendu parler de celui de Manchester à Liverpool.

Les lacs sont d'une petite importance et s'étendent presque tous dans le comté Westmoreland; ils sont renommés pour leurs beautés romantiques. Le climat de l'Angleterre est froid, humide et sujet à des changements très-fréquents et subits. Toutefois sa position insulaire le garantit de ces extrêmes de chaud et de froid que l'on éprouve sur le continent aux mêmes latitudes, et produit cette constante verdure qui est l'un des traits caractéristiques de la Grande-Bretagne. Le sol offre une multitude de nuances différentes, mais, en général, il est fertile et doit à un bon système d'agriculture l'avantage d'être l'un des pays les mieux cultivés que l'on connaisse.

Protégé par le gouvernement, favorisé par des routes excellentes, par la position maritime du pays, par sa grande puissance sur mer, par ses nombreuses colonies, le commerce anglais a acquis une extension inconnue jusqu'à nos jours; il s'étend à tous les pays, et n'a de bornes que celles que peuvent y mettre les puissances avec lesquelles l'Angleterre se trouve en rivalité d'intérêt. Outre son commerce intérieur et extérieur, qui embrasse tous les produits de ses nombreuses fabriques et les matières premières qui leur sont nécessaires, il se fait encore de nombreux armements pour la pêche de la morue et de la baleine à Terre-Neuve dans les mers de Polynésie, l'océan Atlantique, les régions polaires. Londres et Liverpool sont les deux grandes places commerciales du royaume.

Les Anglais sont un mélange de la population primitive de l'île, de Saxons et de Normands. Ils sont grands, généralement minces, quoique beaucoup d'entre eux soient d'une forte corpulence par suite des plaisirs de la table auxquels il se livrent. Leur teint est blanc, leurs cheveux plutôt blonds ou roux que châtains ou noirs. Sombres, brusques, réfléchis, il sont taciturnes et égoïstes par suite de leur esprit spéculatif, froid et méthodique. L'orgueil et la fierté, qui tiennent à l'esprit de liberté et d'égalité, bases de la constitution, portent toutes les classes de la société à un esprit d'imitation plus sensible dans ce pays qu'ailleurs, plus facile à reconnaitre dans toutes les actions de la vie et qui donne lieu à cette grande conservation, l'une des causes les plus puissantes de la prospérité nationale. Il est difficile de distinguer parmi les hommes aucune classe de la société à l'habit, tout le monde étant vêtu de la même manière, sauf les domestiques mâles. Les femmes des classes pauvres ne craignent pas de chercher à imiter les femmes de la haute société; car les servantes et les paysannes ne sortent jamais sans un chapeau de soie noire ou verte. L'habitant des campagnes n'est pas plus mal vêtu que celui des villes. On monte beaucoup à cheval, et le luxe des équipages est extrême. A l'exception de quelques lords ou banquiers, on est logé et meublé d'une manière uniforme et assez simple. Peu de peuples mènent une vie plus monotone et plus propre à nourrir le caractère particulier que les Anglais ont reçu de la nature. Les femmes occupées de leur ménage et de leurs enfants vivent beaucoup dans leur intérieur. Dans la vie sociale comme dans la vie domestique, la taciturnité isole tous les individus. Par un contraste remarquable, nulle part l'enfance n'est plus heureuse et, malgré les vices de l'éducation, il existe en Angleterre une grande masse de lumière, dont elle est redevable aux écoles gratuites, et aux sociétés créées de toutes part pour répandre l'instruction. On ne peut s'empêcher de reconnaître de la cupidité dans le caractère des Anglais, on la retrouve partout même dans leurs plaisirs, et dans la manie des paris qui est porté à un point dont il est difficile de se faire une idée. C'est l'orgueil et une sorte de susceptibilité dont il est le principe qui multiplient, dans les hautes classes les duels au pistolet, et, dans les classes inférieures, les combats à coups de poings ou boxes. C'est aussi ce sot orgueil poussé à son dernier période, qui fait croire à la nation anglaise qu'elle est la première du monde. Du reste, on ne peut refuser aux Anglais d'être braves, intrépides, et, malgré leur froideur, assez obligeants et d'un commerce sûr; mais aussi on peut leur reprocher d'être souvent inconstants dans leurs goûts, changeants, extravagants dans leurs idées, et faciles à écouter la calomnie.

La religion chrétienne fut prêchée en Angleterre par Augustin, moine romain vers 597. Ce fut Henri VIII, qui déclara l'Église indépendante du Saint-Siége, conserva la hiérarchie, mais se fit chef suprême de l'Eglise, prérogative que ses successeurs ont conservée. Le roi nomme les archevêques et les évêques. Il y a deux archevêchés, un à Cantorbéry et un à York, et vingt-quatre évêchés qui, les uns et les autres, siégent au parlement.

La religion dominante est le protestantisme ou religion épiscopale; mais tous les autres cultes y sont professés librement, et le nombre des presbytériens, des catholiques, des méthodistes, des mnémonistes ou anabaptistes, etc., y est considérable. La population catholique est d'environ 2 millions d'individus. On y compte environ 10,000 juifs.

RUSSIE

'EST le plus vaste empire de l'Europe ; il occupe à peu près la septième partie du continent, il comprend, au nord, près de la moitié
de l'Europe, le quart de l'Asie et se déploie jusqu'en Amérique. La
Russie comprend, dans sa plus grande longueur, 3,000 lieues, et sa plus
grande largeur est de 700 lieues, sa superficie est de 1,017,000 lieues
carrées. Sa population est de 65,000,000 d'habitants. En Europe, la Russie
ne présente qu'une immense plaine ondulée, enrichie vers la partie méridionale, de belles vallées, de provinces grandes comme des royaumes, et acci-
dentées seulement de rares collines ; ce plateau est compris entre les monts
Ourals à l'est, la Tauride et le Caucase au sud, et les montagnes de la Laponie,
et de la Finlande. Il est sous-divisé en d'autres petits bassins que forment le
Valdaï, le Ternockonski et les collines qui séparent le Don inférieur du Volga.

En Asie, rien de plus imposant que les steppes sans fin et les landes de la
Sibérie. Des chaînes de montagnes rompent parfois l'uniformité du désert.
Du reste la nature y est âpre, sauvage, indomptable et pittoresque ; tout y
rappelle l'immensité. La Russie, qui est deux fois aussi grande à elle seule que
l'Europe entière, offre toutes les sortes de climats, les rigueurs d'un hiver
presque perpétuel au nord, une température plus douce dans la Crimée, dans
la Géorgie et dans la Bessarabie, partout des vents très-froids. En hiver, il n'y a
pas de fleuve qui ne soit gelé jusqu'à son embouchure, et il n'est pas rare
d'éprouver, même dans les contrées du sud, un froid de 26 degrés, température ordinaire de Saint-Pétersbourg, où l'on ne voit guère que deux mois de
beau temps. En Sibérie, le climat est plus rude, le terme moyen y est de 28 degrés. A l'époque de l'été où l'ardeur du soleil est très-vive, la terre ne dégèle
qu'à deux pieds de profondeur. Les bourans, ouragans terribles, désolent
cette contrée durant tout l'hiver, c'est-à-dire depuis le mois d'octobre jusqu'au mois de mai ou de juin. On peut dire cependant que le climat est en
généralement salubre, hormis sur les bords des lacs et des marécages, qui
remplissent les parties méridionales de la Sibérie.

2

Les Russes ont une industrie très-variée ; mais ils imitent avec beaucoup plus de succès qu'ils n'inventent. Ce peuple semble né pour le commerce ; il s'y livre avec ardeur et plaisir. On compte aujourd'hui en Russie plus de sept mille manufactures et fabriques de draps, lainages, armes, soieries, tissus de coton, cuir dit de Russie, quincailleries, faïence, glaces, etc. L'industrie, objet d'une protection spéciale de la part du gouvernement, n'est entravée par d'autres monopoles que ceux sur le sel, l'eau-de-vie et les cartes à jouer.

Le commerce intérieur consiste dans l'échange que font les différentes provinces des produits de leur sol et des objets fabriqués dans les villes. Ce commerce a lieu sur eau, presque entièrement sur les grands fleuves, les lacs les canaux, et sur terre par les traîneaux. Chaque année de nombreuses caravanes vont chercher en Asie des produits bruts et industriels de la Chine, de la Perse, de la Boukharie et des provinces Turques de l'Asie-Mineure. La Russie possède les ports d'Arkhangel et d'Onéga sur la mer Blanche, et d'Odessa sur la mer Noire, celui de Taganrog sur la mer d'Azow et d'Astrakan sur la mer Caspienne. On parle dans l'empire russe quarante langues entièrement différentes les unes des autres, sans compter les dialectes divers d'un même idiome. La langue de la liturgie est la langue slave ; elle a emprunté en général les lettres à l'alphabet.

La langue russe qui, d'après plusieurs savants, dérive du sanscrit est sonore, riche, gracieuse et flexible. Son alphabet est composé de trente-cinq lettres, dont vingt et une consonnes et quatorze voyelles. On voit quelques chroniques russes remontant au onzième siècle. Le Russe est d'une taille moyenne, robuste, vigoureux, d'un caractère hospitalier, présomptueux, superstitieux, rusé et oubliant souvent ses promesses. Il a de l'intelligence, de la hardiesse ; il est très-attaché à son souverain, se soumet sans murmurer aux lois de son pays qui souvent pèsent sur lui, et il pousse au plus haut degré l'amour de sa patrie qu'il croit, dans son ignorance, bien supérieure aux autres pays. Avec ces qualités, le Russe devient féroce quand on l'irrite ; c'est alors que la brutalité du barbare reparaît dans toute sa force.

ESPAGNE

~~~~~

ROYAUME d'Europe sous le gouvernement de la reine Isabelle, il comprend la plus grande partie de la péninsule hispanique; elle a environ 278 lieues dans sa plus grande longueur de l'Est à l'Ouest et sa population en y comprenant celle des îles Baléares, des îles Canaries et du présides d'Afrique, s'élève à 16,500,000 habitants. Ce royaume possède des golfes, des baies et des ports excellents. Ses golfes les plus remarquables sont ceux de Biscaye, de la Corogne, Cadix, Gibraltar, Alicante et Rosas.

L'Espagne est, après la Suisse, le pays le plus montagneux de l'Europe. Ses principales chaines sont : au nord, les Pyrénées et les monts Cantabres qui en sont un prolongement; au centre, la Sierra de Guadarrama, qui se rattache aux monts Cantabres par celle de Mancavo, la Sierra Guadalupe et celle d'Albarracin; au sud, la Sierra Morena et la Sierra Nevada etc. Sur cent cinquante rivières qui l'arrosent, les plus considérables sont : l'Ebre, le Minho, le Duero, le Tage, le Yncar, la Guadiana et le Guadalquivir. Plusieurs parties de l'Espagne renferment de belles forêts peuplées d'ours, de sangliers, de loups, de chamois, etc. Le climat diffère selon les lieux. Il est sec et quelquefois froid au nord, chaud et humide au sud. En général c'est un climat doux; l'hiver n'y dure que deux mois; à l'époque de la canicule, outre les chaleurs excessives, il y règne un vent funeste qui souffle d'Afrique, appelé Solano. Le sol est d'une grande fécondité, mais l'agriculture y est si négligée, qu'il n'y a que la moitié de la superficie du royaume de cultivée. On y recueille des vins récherchés tels que l'alicante, le malvoisie, le xérès, le malaga; outre les différents autres produits de première nécessité, d'art ou de luxe. On y élève une grande quantité de mérinos, dont la laine est justement renommée. Les montagnes renferment des mines d'argent (celles de Guadalcanal) de fer, de cuivre, de cobalt, de mercure, de jaspe, de marbres, de manganèse, etc.

L'industrie manufacturière y est très-arriérée; elle tire plus des fabriques étrangères que des siennes. Le commerce consiste presque excluisvement en mérinos, laines, vins, soude, sel, etc. L'Espagne a perdu le plus grand nombre de ses colonies du nouveau monde. La langue espagnole, qui dérive du latin, avec un mélange de celtique et d'arabe, est riche, harmonieuse et énergique. L'éducation publique est singulièrement négligée en Espagne, ce qu'il faut attribuer au gouvernement absolu, qui a étouffé les riches germes de l'esprit espagnol, naturellement capable de ce qui est beau et grand, aussi bien dans la vie publique que dans la littérature et les arts. L'Espagne peut être fière de Cervantes, Lopez de Vega, Calderon et Golis, parmi les poëtes et prosateurs, et de Velasquez, Murillo et Ribeira parmi les peintres célèbres. Les Espagnols sont en général d'une taille moyenne, très-bruns, d'une constitution sèche; les femmes se distinguent par une taille svelte et élégante, par de grands yeux noirs pleins d'expression, et beaucoup de coquetterie. La religion catholique est exclusive dans la péninsule.

Par un décret royal du 30 novembre 1833, le territoire espagnol, dans la péninsule et dans les îles adjacentes, est divisé en quarante-neuf provinces qui prennent le nom de leurs capitales respectives, à l'exception des provinces de Navarre, de Biscaye, d'Alava et de Guipuscoa, qui conservent leurs anciennes dénominations, en douze grandes capitaineries générales et petits gouvernements. Dans chaque chef-lieu de province il y a un gouverneur militaire subordonné au capitaine général; en trois arrondissements maritimes, dont les chefs-lieux sont l'île de Léon, le Ferrol et Carthagène; en douze cours royales ou tribunaux supérieurs, qui portent le titre de chancelleries.

Les présides d'Afrique sont sur les côtes de la Barbarie. La proximité de ces côtes de celles de l'Andalousie est souvent devenue funeste à l'Espagne. Elle a facilité jadis l'invasion des Maures, et, dans des temps plus rapprochés, elle a favorisé les irruptions de la peste et les entreprises audacieuses des corsaires barbaresques contre le commerce du littoral de la péninsule. Pour éloigner ces pirates, on fut obligé de s'emparer de leurs villes maritimes et de les occuper militairement. On en comptait il y a cinquante ans, une douzaine qui étaient restées au pouvoir de l'Espagne, et qui servaient de colonies de déportation et de bagnes pour les condamnés aux travaux forcés. C'était principalement Ceuta, Oran avec cinq forts, Penon de Velez, de la Gomera, Tezola, Aluchemas et Mellila avec cinq châteaux fortifiés. Plusieurs de ces établissements ont été abandonnés comme dispendieux, et Ceuta et Pénon de Velez sont les seuls qu'on ait conservés. C'est là que les iniquités et les vengeances politiques ont fait confiner, parmi les vils criminels, des hommes qui sont l'honneur de l'Espagne, et dont les noms sont vénérés de toute l'Europe.

L'Espagne, soumise tour à tour par les Carthaginois, les Romains, les Goths, les Vandales et les Arabes ou Maures, passa, en 1479, sous la domination de Ferdinand V, qui en réunit les différentes provinces par son mariage avec Isabelle, héritière de Castille. Philippe archiduc d'Autriche, devint ensuite maître de cette vaste monarchie, qui fut si puissante sous Charles-Quint, son fils. Après celui-ci, régnèrent Philippe II, Charles II, Philippe V, Charles III, Charles IV et enfin Ferdinand VII qui, en 1808, abdiqua en faveur de Napoléon. Celui-ci céda ses droits à son frère Joseph. Un soulèvement général ne permit pas au frère de l'empereur de jouir longtemps de cette couronne. La guerre se prolongea jusqu'en 1814. Pendant ces troubles intérieurs les colonies Espagnoles de l'Amérique méridionale secouèrent le joug de leur métropole. Ferdinand rentra dans ses états en 1814 au milieu des acclamations de ses sujets. Il refusa de signer la constitution rédigée par la régence et les cortès pendant son absence, fit arrêter quelques députés des cortès, les condamna à des peines infamantes, déclara leur assemblée dissoute et annula tout ce qui avait été fait pendant l'interrègne. Une insurrection éclata en 1820 parmi les troupes réunies à Cadix ; elles marchèrent sur Madrid et proclamèrent la constitution des cortès, à laquelle Ferdinand adhéra. La Sainte-Alliance demanda vainement la modification démocratico-royale. Louis XVIII, faisant partie de cette alliance, envoya une armée sous les ordres du duc d'Angoulème en avril 1823. Les cortès, bloquées à Cadix par les forces françaises réunies de terre et de mer, capitulèrent et mirent en liberté Ferdinand. Ce roi perfide annula de nouveau tout ce que l'Espagne avait gagné en liberté par ses cortès, se vengeant sur les auteurs de la constitution et sur leurs partisans. Il mourut en 1832, après avoir fait nommer reine sa fille Isabelle.

ITALIE

CE noble et beau royaume sous le sceptre de Victor-Emmanuel où l'artiste et le poëte vont à l'envie s'inspirer à la contemplation de tant de merveilles, et semblable à l'antique Cybèle, couronnée de villes. Ici c'est Venise, assise au milieu des flots, avec des milliers de gondoles qui sillonnent ses lagunes ; là c'est Rome, l'antique reine du monde, avec ses admirables monuments et sa poussière pleine encore des plus grands souvenirs ; plus loin c'est Naples, la voluptueuse, avec son ciel d'azur et son Vésuve qui lance des flammes ; et sur les rives de l'Arno la belle Florence, l'Athènes de l'Italie. Cette péninsule, favorisée du ciel et tant célébrée dans les vers de Virgile et d'Horace, est encore aujourd'hui, malgré les Barbares, ce qu'elle était alors, le plus beau pays de l'Europe.

L'Italie qui se projette dans la Méditerranée, entre la Grèce et l'Espagne, s'étend obliquement du nord-ouest au sud-ouest y compris la Sicile entre 46° 40' et 30° 40' de latitude nord et entre 3° 20' et 16° 10' de longitude est. La plus grande largeur de l'extrémité occidentale de la Savoie à l'extrémité orientale du royaume Lombard-Vénitien est de 140 lieues. La largeur moyenne varie de 30 à 50 lieues. La superficie occupe environ 15,182 lieues carrées. Sa population est de 25,000,000 d'habitants. Elle est bornée au nord par la Suisse et l'empire d'Autriche, dont elle est séparée en partie par les Alpes, à l'est par la mer Adriatique et le canal d'Otrante, au sud par la mer Ionienne, le canal de Malte et la Méditerrannée ; enfin à l'ouest par la mer de Sicile, le canal de Corse, le golfe de Gênes et la France. Les principales montagnes de l'Italie sont les Alpes Pennines, qui constituent la chaîne qui court du mont Rose au mont Blanc et le mont Viso ; les Alpes Cottiennes situées entre le mont Cenis et le mont Viso, enfin les Alpes Maritimes, qui du Viso se prolongent au-delà du col de Tende. Ces diverses chaînes serpentent du nord au sud, à partir du Tanaro jusqu'à l'extrémité de l'Italie, et prennent le nom de chaîne des Apennins. Toutes ces montagnes partent du mont Blanc ; les Apennins se prolongent en Italie jusqu'à l'extrémité méridionale sur une longueur de 250 lieues.

Les principaux volcans de l'Italie sont le Vésuve et l'Etna.

Les golfes les plus considérables sont : le golfe de Gênes, les golfes de Gaëte, de Salerne, de Naples, de Policastro et de Santa Eufemia ; les golfes de Squillace et de Tarente, et le golfe de Venise. Les principaux détroits sont : le golfe de Messine, qui sépare le royaume de Naples de la Sicile ; le canal d'Otrante, qui unit la mer Ionienne à la mer Adriatique ; le canal de Piombino, situé entre la ville de ce nom et l'île d'Elbe, sur la côte du grand-duché de Toscane ; les Bouches de Bonifacio qui séparent la Sardaigne de la Corse, et enfin le canal de Malte, qui sépare la Sicile de cette petite île.

Les principaux caps sont ceux de Cirello au sud des États-Romains : la pointe della Campanella, la pointe Liccosa, le cap Vaticano, le cap Spartivento, pointe la plus méridionale de l'Italie, le cap de Rizutto, le cap de Zenea, le cap de Faro, le cap de Passaro, le cap Boco et le cap Tenlada.

Le voyageur philosophe, en parcourant chacune des contrées de l'Italie, observera facilement le génie de chacune d'elles ; ainsi il remarquera dans l'agriculture florentine la preuve d'une haute civilisation ; dans Gênes, ville marchande et jalouse de conserver son indépendance, l'esprit de précaution qui la portait à se protéger contre les surprises et les invasions, en rendant son abord difficile et périlleux ; dans les ruines de Volaterra, l'anéantissement de son antique indépendance, et dans la solitude et l'aridité de la campagne romaine, l'insouciance du gouvernement pontifical pour les objets terrestres. Il trouve ainsi dans l'observation de ces témoignages historiques une source d'un haut intérêt, et l'économie politique va s'y instruire aux leçons de l'expérience. Au physique, les Italiens sont en général bruns, d'une taille ordinaire, élégante et bien proportionnée. Au moral ils sont sérieux, spirituels, d'un tact exquis, adroits, naturellement méfiants par suite de leur ancienne situation politique. La religion catholique est la seule qu'ils professent ; mais les autres cultes sont tolérés.

Le roi Victor-Emmanuel, aidé de la France, à reconquis toutes les provinces qui étaient sous le joug de l'étranger, et aujourd'hui l'Italie est un grand état dont la capitale est à Florence.

GRÈCE

E petit royaume, célèbre entre tous, est situé entre le 36° 33′ et 39° de latitude nord, et 18° 20′ et 21° 45′ de longitude est. Il est borné au nord par le continent de la Turquie d'Europe, à l'est par l'Archipel, au sud par la Méditerranée et à l'ouest par la mer Ionienne. La Grèce actuelle possède en outre l'île d'Eubée, les Cyclades, une partie des Sporades, et l'Angleterre vient de lui céder les îles Ioniennes au nombre de sept, qui sont : Paros, Itaque, Cérigo, Corfou, Cephalonie, Zanthe et Sainte-Maure. La superficie de la Grèce est aujourd'hui de 2,250 lieues carrées et sa population de 1,494,126 habitants, tant Grecs qu'Albanais.

La Grèce est traversée au nord, au centre et au sud, par plusieurs chaines de montagnes tres-élevées et qui sont interrompues par de magnifiques plaines et de délicieuses vallées. Outre les beautés naturelles qu'elles présentent, plusieurs de ses montagnes rappellent encore de nobles ou poétiques souvenirs : tels sont les monts Aninos (l'ancien OEta), Liakoura (l'ancien séjour des muses, le Parnasse), Zagora (l'ancien Hélicon), Élatia (l'ancien Cythéron), Malava (l'ancien Taygete) Tila-Vonni (l'ancien Hymette). Les rivières les plus célèbres, car aucune n'est importante, sont le Fidaris (l'ancien Evenus), la Rouphéa (l'ancien Alphée), l'Iri ou Rellos (l'ancien Eurotas), la Spinatza (l'ancien Pamissus) et la Mavro-Potamos (l'ancien Céphise). Les lacs principaux sont ceux d'Argyro Castro et de Copoglia (l'ancien Kopaïs).

Le climat varie suivant les localités. Le plus beau, le plus délicieux est, sans contredit le climat de l'Attique. Le sol participe naturellement aussi des localités. Les contrées de la Thessalie, de la Phocide et de la Béotie sont les plus fertiles. Si l'agriculture n'était pas négligée, surtout depuis la guerre de l'indépendance, le sol de la Morée se prêterait à tous les genres de culture. Les forêts contiennent beaucoup d'animaux sauvages et même féroces, tels que l'ours, le sanglier, le loup, le lynx, le chacal, le chat sauvage, le chevreuil. Dans les plaines, on y élève beaucoup de gros bétail, des chevaux et des ânes, etc. On trouve dans la Grèce des mines de plomb et d'étain, des carrières de beaux marbres, entre autres ceux de Paros et de l'Attique. L'industrie manufacturière est à peu près nulle en Grèce, excepté dans les îles ou l'on fabrique des soies, des gazes, des peaux de chèvres maroquinées ; mais sa position en fera nécessairement une puissance maritime et commerciale importante. Ses exportations consistent en huiles glaceuses brutes, raisins de Corinthe, etc. Ses importations en vins, café, sucre, verre, cristaux, coton, fournis en grande partie par la France. Les traits, les mœurs et les habitudes des habitants des diverses parties de la Grèce varient tellement qu'il est à peu près impossible de donner une idée exacte de leur caractère, dans un tableau commun. On peut cependant dire qu'au physique, les Grecs sont en général d'une taille moyenne; ils sont forts et robustes, et doués d'une physionomie très-expressive. Au moral, ils sont braves, actifs, spirituels, enjoués ; mais ils ont tous les défauts inséparables de l'état d'esclavage, dans lequel ils ont si longtemps gémi. Espérons que, lorsqu'ils auront été éclairés par le flambeau de la civilisation établie sur une meilleure base, ils deviendront les dignes descendants de leurs illustres ancêtres. Les Grecs sont divisés en Grecs unis (Église d'Orient) et en Grecs non unis, ou catholiques. Le patriarche, qui réside à Constantinople, est le chef de l'Église, le pape des seconds. Les premiers habitent le continent et les îles; les autres sont plutôt dans l'Archipel. L'instruction publique en Grèce, ne pouvait être en honneur, tant le joug a pesé sur ses habitants ; cependant on avait fondé quelques colléges; mais ils étaient en trop petit nombre pour qu'ils puissent être d'une grande utilité. Le grec moderne dérive du grec ancien et, quelque corrompu qu'il soit par le mélange du turc, de l'italien, du franc et de plusieurs autres idiomes, il tend cependant chaque jour à se rapprocher de l'ancien grec.

Le gouvernement de la Grèce, républicain dans les premiers temps de sa délivrance à été constitué en monarchie constitutionnelle héréditaire, par l'élévation au trône du prince Othon de Bavière, qui a été détrôné et remplacé par un prince de Danemarck, Georges 1er.

L'armée régulière se compose de huit mille hommes de toutes armes, qui réunis aux troupes irrégulières, s'élèvent au nombre de seize mille combattants. La marine est peu considérable, et se compose de bâtiments d'une petite dimension. Il existe un ordre de chevalerie celui du Saint-Sauveur.

L'histoire de la Grèce ancienne est familière à tout le monde. Disons seulement que, depuis le jour ou Athènes fut subjuguée par Sylla, la Grèce perdit sa liberté; et du moment ou Constantin transféra le siége de l'empire de Rome à Byzance, elle devint province romaine. Elle tomba successivement sous la domination du Bas-Empire, des Latins et enfin des Mahométans dont, après de nobles efforts et de longs combats contre les Turcs et les Égyptiens, ils secouèrent le joug, en 1827, à l'aide de l'intervention de la France, de l'Angleterre et de la Russie.

PERSE

E souverain de ce royaume s'appelle Schah.

La Perse est bornée au nord par la mer Caspienne; au N. E. par le Tourkestan, au N. O. par l'empire Russe, à l'ouest par la Turquie Asiatique, au sud par le golfe Persique, le détroit d'Ormus et la mer d'Oman; à l'est par l'Afghannistan et le Belouchistan. Sa longueur du N. O. au S. E. est de 450 lieues, sa plus grande largeur du N. E. au S. O. de 350 lieues, et sa superficie de 59,600 lieues carrées au moins. La Perse renferme un immense plateau sur lequel sont deux chaînes principales, l'Eleden et l'Elbourz, qui forment différentes ramifications.

Les rivières les plus considérables et dont la plupart se perdent dans les sables ou dans les lacs, sans écoulement visible, sont le Zendeh Rond, qui passe à Ispahan, le Bend Emyr, qui se jette dans le lac Bakh Teugan. Vers la Caspienne, se dirigent le Kizd Onzen, l'Aras, le Tedzen, le Movgab; et vers le golfe Persique, la Kerah, le Caroun, le Sita Roghan et le Chonder. Le lac le plus grand de la Perse est celui d'Ourmiah, dont les eaux sont très salées et sans écoulement apparent.

La partie septentrionale de la Perse, dans le voisinage de la mer Caspienne a une température humide favorable à la végétation, mais malsaine.

Le climat du plateau, qui forme la plus grande portion de la Perse est au contraire sec, dépourvu de rosée. Aussi n'y rencontre-t-on, que de vastes déserts sablonneux, parsemés çà et là par quelques oasis que les habitants sont parvenus, à force d'art et de soin, à arracher à la stérilité. Un des moyens d'irrigation employés par eux sont de vastes aqueducs dont quelques-uns ont plusieurs lieues de longueur, ils sont presque tous en état de dégradation.

Les Persans excellaient jadis dans une foule d'industrie. On vante encore leur talent pour la fabrication et le coloris des étoffes. Leurs tapis, leurs châles sont fort recherchés. Leurs sabres sont renommés pour leur richesse et le fini du travail. La population de la Perse est évaluée à 9,000,000 d'habitants. En général le Persan est bien fait; sa taille est élancée, ses yeux vifs et spirituels. Il porte la barbe longue et touffue. Cette nation est la plus polie des peuples musulmans; mais cette politesse sert souvent à masquer leur astuce et leur curiosité.

Le Persan parle beaucoup et prodigue de belles promesses, mais n'en tient aucune, tandis que le Turc au contraire parle peu, se rend esclave de sa parole et rend souvent service sans rien dire.

Le Persan hait la marine; mais il a conservé un goût décidé pour les sciences et les arts même inconnus dans son pays; ils les admire, et le soin qu'il met à interroger les étrangers, prouve que ce peuple serait susceptible de les cultiver avec succès; il est cependant superstitieux, et il éprouve une vive répugnance à habiter les maisons de ceux qui meurent de mort violente, c'est une des causes pour lesquels les villes de Perse sont toutes remplies de ruines. L'armée persanne consiste surtout en cavalerie, dont quelques régiments ainsi que quelques milliers de fantassins, sont exercés à l'européenne. Dans sa dernière guerre avec la Russie, la Perse ne put opposer que 50,000 hommes à l'ennemi.

La Perse actuelle remplace la Médie, la Suziane, la Perside, la Carmaine et l'Hyrcanie des anciens. La Perse propre apparaît dans l'histoire à une époque très-reculée. L'Écriture qui la nomme Paras ou pays d'Élam parle de son premier roi connu, Khodorlahomor, qui fut battu par Abraham. Vers le septième siècle, avant Jésus-Christ, Phraorte, roi de Médie, en fit la conquête. Puis dans le sixième siècle, Cyrus petit fils d'Astyages roi de Médie, s'empare de l'Asie mineure, détruit l'empire de Babylone, met fin à la captivité des Juifs, et divise son empire en 120 satrapies. Enfin, 330 ans avant l'ère chrétienne, la Perse va s'engloutir dans l'empire d'Alexandre-le-Grand, et devient la proie de ses successeurs. Arsace, roi des Parthes le leur enlève.

Le Persan Ardelarir ou Artaxercès fonde le nouvel empire de Perse dans le troisième siècle avant Jésus-Christ et devint le chef de la dynastie des Sassanides. Depuis cette époque, l'empire est en guerre avec les Romains et les Arabes à l'empire des quels il finit par être incorporé. Au quinzième siècle, Timont en fait la conquête. Au seizième la Perse secoue de nouveau le joug et se rétablit en royaume. Depuis cette époque ce pays n'a jamais joui de la paix. Tantôt en guerre avec les Turcs, avec les Russes, ou déchiré par des divisions intestines, ces derniers lui ont encore enlevé en 1827 une partie de l'Arménie. Dans le moment actuel, les efforts que font la Russie et l'Angleterre pour obtenir, l'une aux dépens de l'autre, une prépondérance commerciale exclusive, destinent probablement la Perse à devenir un des théâtres des grands événements politiques qui se préparent en Orient.

BARBARIE

LA Barbarie est une vaste contrée de l'Afrique septentrionale, qui embrasse toutes les contrées baignées par la Méditerranée, depuis les frontières d'Égypte jusqu'au détroit de Gibraltar, et par l'océan Atlantique, de ce point au cap de Noun. Elle est comprise entre le 25° et le 37° parallèles de latitude nord le 23° de longitude est, et le 12° de longitude ouest ; elle a plus de 760 lieues de long et 240 lieues dans sa plus grande largeur. Au sud, elle touche partout au Sahara. Cette région forme à l'est l'empire de Maroc, au centre les régions d'Alger et de Tunis, à l'est celle de Tripoli. Sa surface est traversée dans toute sa longueur par la chaîne des monts Atlas, dont le massif, d'abord isolé à l'ouest, enceint au centre des plateaux étagés les uns au-dessus des autres, depuis les rivages de la mer, reprend à l'est son unité première, pour aller se terminer en de simples rangées de collines arides. A l'est, sur les bords de la Syrte, vis-à-vis de la Grèce, le mont Akhdar constitue un plateau qu'embrassait jadis presque toute la Cyrénaïque, et sur les flancs duquel se montrent encore les cinq villes (Pentapolis). Excepté la région de Tripoli, on ne trouve guère dans les autres que des ruisseaux. La Barbarie est assez bien arrosée, surtout au nord. C'est là que coulent le Chélyf, la Moulougah, la Morbéa, la Sébone, qui traverse Mequinez, Medjesdah, l'ancienne Bagrada. Sur le versant intérieur on voit couler d'Adje-di, qui se perd dans le marais de Melghig, le Tufilet, le Gir, la Dourah, dont les eaux sont absorbées par les sables. Le sol de la Barbarie est fertile partout où il est suffisamment cultivé. Ces contrées, jadis le grenier de l'Italie, exportent encore beaucoup de grains. De temps immémorial, ou y emploie des silos. L'olivier y est un objet de grande culture, et l'huile forme avec la laine et la cire les principaux éléments du commerce. Partout, autour des habitations, on trouve des légumes et des fruits de nos contrées et de plus, l'oranger, le citronnier, le figuier, le jujubier, qui a fait donner à Bone le nom de Beled-el-Aneb, la ville des jujubes. Sur toute la côte de Tripoli croît en profusion le zizyphus lotus, qui fournit ce fameux lotus si délicieux, que le lotier devint, pour les Grecs, l'arbre de l'oubli. Les flancs de l'Atlas sont revêtus de belles forêts, où croissent l'olivier sauvage, le pin, le peuplier blanc, le genévrier, diverses espèces de chênes, dont l'un donne un gland aussi doux que la châtaigne. Autour de la Calle, il y a des forêts de chênes superbes. Ailleurs, dans les lieux incultes, les lentisques, le pistachier, le cyprès, l'olivier sauvage, le laurier rose, l'arbousier, l'if, le thuya, déploient toute la splendeur d'une végétation méridionale au milieu de broussailles épaisses et de cactus de toutes les espèces. Du reste, la flore de cette région ressemble tout à fait à celle de l'Espagne méridionale. Le bœuf, le mouton, dont une espèce à grosse queue, le chameau, forment la principale richesse des populations nomades ; elles élèvent aussi des chevaux, mais la race a bien dégénéré et ne mérite plus la réputation qu'elle avait dans l'antiquité. La population de la Barbarie se compose de deux grandes races : les Berbers, qui ont donné leur nom au pays, et les Arabes, divisés en deux classes, les arabes nomades et les arabes des villes, appelés Maures. On y trouve en outre quelques Turcs, qui jadis y étaient puissants, des Nègres et des Juifs, qui ont entre leurs mains presque tout le commerce. La Barbarie fut l'une des contrées les mieux connues des Romains. Ils s'en rendirent maîtres après la prise de Carthage. Sous les empereurs, elle atteignit un haut degré de splendeur, et les ruines de villes nombreuses sont là pour témoigner de l'importance qui l'on y attachait. Alors elle formait quatre provinces : la Cyrénaïque, l'Afrique propre, la Numidie et la Mauritanie. Plus tard, sous Constantin, cette division subit de grandes modifications. Enfin au commencement du cinquième siècle, les Vandales y établirent un royaume qui dura un siècle, après quoi le Bas-Empire y commanda jusqu'à l'arrivée de Mohammed. Bientôt après, différentes dynasties arabes y régnèrent jusqu'au moment où les Turcs vinrent y asseoir leur domination. En 1830 les Français se rendirent maîtres d'Alger, et depuis ce temps le vaste pays de l'Algérie fut déclaré terre française.

AUSTRALIE

~~~

2/

ous ce nom on désigne la plus grande île de l'Océanie, qui peut être considérée comme le continent de cette cinquième partie du monde en général, et de la Mélanésie en particulier, sa surface est évaluée aux quatre cinquièmes de celle de l'Europe. Sur un globe ou sur une mappemonde cette grande terre, dans sa configuration, offre plusieurs traits de similitude avec l'Afrique. L'une et l'autre se prolongent en pointe vers leur extrémité, l'une et l'autre sont échancrées dans la partie du S. E. et leur largeur se dilate beaucoup vers le milieu. Le seul détroit de Bass, qui sépare l'Australie de la Tasmanie établit une différence saillante. Il est probable que la population indigène de l'Australie n'excède pas 1,130,000 habitants vivant la plupart à 10 ou 12 milles de la côte, dans un état de dégradation physique et morale bien digne de nous humilier et de nous affliger, car ces malheureux n'en sont pas moins des hommes. Malgré l'identité incontestable d'origine et la similitude de caractère et de mœurs des diverses tribus de la Nouvelle-Hollande, cette grande terre compte autant d'idiomes que de peuplades, quoiqu'on ne puisse expliquer cette étonnante diversité. Bien plus, aucun de ces idiomes n'offre la moindre ressemblance avec ceux qu'on parle dans les îles de l'immense Polynésie qui sont les plus rapprochées de l'Australie. Les Australiens indigènes sont issus des Audamènes, habitants primitifs de la Papouane, d'où ils seraient arrivés sur le continent de l'Australie par le détroit de Torrès. Ces indigènes sont moins foncés que les noirs d'Afrique, mais ils sont d'une teinte plus jaunâtre que les Papouas et tirent sur la couleur de la suie. Plusieurs tribus ont une teinte bistre, faiblement jaune plutôt que noire, la boîte osseuse du crâne passablement ronde, le front fuyant en arrière, les cheveux floconnés et non pas lisses, et ordinairement crépus ; leurs bras sont très-longs et leurs jambes grêles encore plus longues; ils sont généralement velus, mais plusieurs sont galabres ; il ont la bouche d'une grandeur démesurée, le nez fort large et épaté, les narines également larges, les dents un peu proclives,mai s d'un bel émail. Les habitants des régions tempérées de la terre de Flinders et de la terre de Baudin, ceux de la terre d'Arnheim, et ceux de l'île de Chatham, à l'est de la nouvelle-Zélande, sont noirs et crépus, tandis que les insulaires des îles Gilbert, qui sont sous l'équateur, ceux des îles Noukahiva et du grand archipel de Roggeween, qui en est peu éloigné, ont le teint jaunâtre et les cheveux lisses, ce qui prouve que l'influence du climat n'a pas amené ce résultat. Il y a mille raisons de croire que le cannibalisme a été une coutume très-répandue parmi ces peuples aux premiers jours de la civilisation, coutume amenée par l'instinct de la conservation de soi, agissant par la guerre ou la famine. A Taïti une période de disette s'appelle encore la saison à manger des hommes. Les Australiens, qu'on a trompés une fois, ne croient plus les blancs, ils n'auront jamais confiance en eux. Ces malheureux ont quelques sentiments de superstition, car on ne peut ici prononcer le le mot de religion. Ces idées ne les poussent pas plus à faire de bonnes actions qu'elle ne les éloignent des mauvaises. Ils croient à l'influence des songes, aux charmes, aux sortiléges; ils croient à un esprit du bien qu'ils nomment Coran et à un esprit du mal nommé Poloyan. Quoique les Australiens soient brutaux entre eux et qu'ils tuent sans aucun scrupule leurs nouveau-nés, quand ils manquent des moyens de les nourrir, cependant ceux qu'ils gardent sont élevés avec la plus grande affection, et le chagrin que leur cause la mort d'un parent est très-violent, quoique de peu de durée.

ILES CANARIES

GROUPE d'îles de l'Océan Atlantique, sur la côte Nord-Ouest de l'Afrique. Il s'étend de l'Est-Nord-Est à l'Ouest-Sud-Ouest sur une longueur de 110 lieues et se compose de sept principales îles : Ténériffe, Canarie et Gomera au centre ; Fortaventura à l'Est, Lancerote au Nord-Est; Palma au Nord-Ouest et l'île de Fer au Sud-Ouest; entre les ilots de Lobos, Roqueta, Alegranza, Monta Clara et Graciosa. Leur superficie réunie peut être de 270 lieues carrées. Elles sont toutes de formation volcanique, et couvertes de montagnes élevées au-dessus desquelles apparaît le pic de Ténériffe que l'on aperçoit de 50 lieues en mer. Leurs côtes sont élevées, tourmentées et d'un accès difficile et leur surface trop rapide et trop peu étendue pour qu'il existe des rivières, mais de nombreuses sources et des torrents rapides y fournissent à tous les besoins. Le climat y est très-chaud, mais rafraîchi par les brises et par l'élévation du sol. Les îles de l'est sont exposées à l'influence des vents africains qui y causent souvent de grands ravages et y apportent les maladies et la famine. Dans ces îles l'humidité est l'une des causes premières de la végétation, aussi les lieux bien arrosés présentent-ils un aspect enchanteur. La culture, du reste, y est très-soignée. On y recueille des vins très-estimés en Europe, et dont plusieurs crus sont délicieux, du froment, du maïs, des ignames, des dattes et autres fruits; du sucre, du tabac, du coton, de la soie, de la soude, du miel, de la cire, des plantes médicinales et odoriférantes, etc., et dans la plupart il y a de belles forêts et des pâturages excellents, on y a importé la volaille et les animaux d'Europe : le chameau et la chèvre viennent d'Afrique; mais le serin, ce joli oiseau qui en parait originaire puisqu'il en a conservé le nom, y est peu commun. Ceux que l'on y nomme canaris ressemblent à la linotte et au moineau. Il n'y existe aucune bête féroce ni venimeuse. Le peuple trouve dans la pêche les éléments d'une bonne partie de sa nourriture. Les principales exportations consistent en vin, eau-de-vie, soude, fruits, tabac, etc. Le port de Santa Cruz, à Ténériffe, est le plus important. La population des îles Canaries est évaluée à 175 à 200,000 individus, qu'on peut dire d'origine espagnole, car il n'y en a qu'un petit nombre qui soient fiers d'être les descendants des Français de Béthancourt, et quelques-uns qui disent remonter jusqu'aux Guanches, ce qui est assez douteux. Ils sont en général bien constitués et diffèrent peu, au physique, de leurs pères, dont ils parlent la langue. Un air de dignité et de candeur, de grands yeux pleins d'expression caractérisent la physionomie des femmes. Les Canariens sont sobres, honnêtes, religieux et grands amateurs de courses lointaines et des émigrations; ils peuplèrent une partie de la Nouvelle-Grenade, et on les rencontre jusque dans les Philippines. Quelques hommes parmi eux ont illustré la littérature, tels que Clavijo, Vieira et Iriarte. La religion catholique est celle de toute la population. Les Canaries sont régies par les lois espagnoles. En 1417 un gentilhomme français du pays de Caux, Jean de Béthancourt, en commença la conquête, qui fut poursuivie par les espagnols, et qui se termina, en 1512, après des guerres dans lesquelles les indigènes appelés Gouanches, préférant la mort à l'esclavage, furent exterminés. Ce peuple, dont l'étude offre un grand fond d'intérêt, était parvenu à un haut degré de civilisation: il est surtout célèbre par l'usage où il était d'embaumer ses morts.

INDES ORIENTALES

ASTE et belle contrée qui occupe la partie méridionale de l'Asie. Les anciens lui donnèrent pour bornes au nord les montagnes Emodus ou Imaus, à l'ouest la Perside; à l'est, le pays actuel des Seykhs et quelques provinces de la Chine et au sud la mer Érythrée ou Éthiopienne, laquelle s'étendait depuis l'île de Taprobane, jusqu'au sud de la mer Rouge. Peu de temps après l'Inde, par le cap de Bonne-Espérance, on découvrit le Brésil, auquel on donna le nom d'Indes occidentales; nom que l'on a ensuite étendu à toute l'Amérique. Par suite, on donna aux Américains la dénomination d'Indiens et ensuite à tous les peuples conquis par les Espagnols et les Portugais, qui ignoraient notre civilisation et par conséquent le Christianisme. Aujourd'hui cette contrée est divisée, mal à propos, en Inde en deçà et au delà du Gange. Il est temps que ces dénominations disparaissent de tout ouvrage géographique sérieux. L'Inde véritable, la seule à qui appartient ce nom, est cette partie de l'Indoustan qui s'étend entre l'Indus et le Brahmapoutra, de l'Himalaya à la mer des Indes. Le climat de l'Inde est varié; l'air un peu froid vers la partie septentrionale, à cause des montagnes toujours couvertes de neige qui s'étendent vers le nord. La chaleur est très-forte vers la partie méridionale; au Bengale, le thermomètre de Farenheit monte quelquefois à 110 degrés. Cependant la chaleur est souvent tempérée par de violents orages qui viennent du nord. On n'y connaît que deux saisons : la mousson pluviale et la mousson sèche. La première sur la côte de Coromandel, dure depuis juin jusqu'en septembre; à la fin de juillet toutes les parties basses de cette contrée sont inondées. L'inondation occupe une superficie de plus de 33 lieues. On n'aperçoit des villages que la cime des arbres et quelques endroits élevés qui surgissent du milieu des eaux comme des îles. Les moussons ou vents de S. O. et nord soufflent alternativement et amènent des pluies qui ne tombent que du côté de la montagne, exposé aux vents. Sur la côte de Coromandel, la saison pluvieuse commence plus tard, parce que les Ghâtes arrêtent les nuages poussés par les vents du S. O.; elle règne sur cette côte pendant la mousson N. E. et sur celle de Malabar pendant la mousson S. O.; elle commence sur cette dernière et dans l'intérieur en avril et en mai, et finit vers la fin d'octobre. Dans la saison sèche, la végétation languit, surtout lorsque la pluie se fait trop longtemps attendre. Outre ces deux saisons, il y a encore des vents éphémères, dont le plus dangereux est celui de terre. Il ne souffle pas avec force, mais il souffle du feu et affaiblit l'homme et même les animaux les plus forts. Mais les pluies périodiques et les grandes chaleurs donnent à la végétation une vigueur et une fécondité qu'on ne retrouve dans aucune autre partie du globe : partout la campagne étonne et enchante la vue par la diversité et la richesse continuelle de ses productions. En somme, le climat de l'Inde est assez salubre, excepté aux environs des rivières; mais le mordéchi, qu'on nomme choléra en Europe, y exerce souvent ses fureurs, surtout sur les personnes mal nourries, ou affaiblies par la débauche. Les habitants de l'Inde sont en général bien faits et d'une taille élégante. La couleur, la force, l'intelligence même n'existent pas au même degré chez les hommes de castes différentes, et même lorsqu'ils ont reçu la même instruction. Ceux des castes supérieures approchent plus du blanc et ceux des castes inférieures plus du noir. La majorité est un peu cuivrée, et assez bon nombre est de couleur noire, mais, avec les traits, le front et les cheveux, à peu de chose près semblable à la race caucasique.

ILES DE LA SONDE

ES îles de la Sonde comprennent l'île de Java, qui est séparée de la pointe méridionale par le détroit de Sonnda, s'étend de l'ouest à l'est en s'inclinant un peu au sud, sa population s'élève à environ 12,000,000 d'habitants, dont plus des deux tiers sous la dominaton hollandaise, et l'autre tiers forme des États indépendants. Cette population est formée d'un quarantième d'Européens, Arabes, Indous de la côte de Coromandel, Malais, Bongins, Mangkassars et esclaves.

Les Chinois y sont au nombre de plus de 500,000, le reste est Javan; mais le nombre des habitants est sujet à varier, car les maladies épidémiques font souvent de grands ravages dans la partie Nord. En 1822 le nombre des individus moissonnés par le choléra fut de 110,000. En grandeur, cette île ne vient qu'après Kalémantan et Soumâtra, qui font aussi partie des îles de la Sonde; mais sa population, son agriculture, son industrie, son commerce, ses arts et sa civilisation, lui assurent le premier rang. Java est traversée dans sa longueur par une suite de trois chaînes, formant trente-huit montagnes bien distinctes et fort élevées, où l'on compte plus de quinze volcans éteints ou en ignition. Les volcans paraissent avoir formé la base de l'île de Java : on trouve, en plusieurs endroits les traces d'une origine sous-marine. Cette île étant très-montagneuse, doit être sillonnée de nombreuses rivières. En effet, on en compte cinquante principales, dont cinq à six sont navigables à quelques milles de distance de la mer. Les deux plus grandes sont celles de Solo et de Kedin; leurs rives fertiles offrent tout ce que la foresterie et l'horticulture ont d'utile et d'agréable dans les cinq parties du monde. L'île entière jouit d'un climat salubre, excepté dans quelques expositions de la côte N. O., dont on a exagéré les dangers. La formation géologique de Java est elle-même volcanique. Les Javans indigènes ou Rhoumi, sont petits de taille et d'un teint jaunâtre. Il reste encore, seulement dans un canton de l'intérieur, quelques noirs, ainsi que dans un grand nombre d'îles. L'hospitalité est une vertu commune chez les Javans. On est assuré de trouver dans toute l'île un asile et la nourriture au moins pour vingt-quatre heures. Ils sont doux, paisibles. Le domestique est docile et zélé; le maître commande avec égard et bonté. Les liens de famille sont puissants parmi eux, et ce peuple, quoique musulman, est très-tolérant en matière de religion. Le vol et la piraterie comptent un grand nombre de sectateurs dans les classes inférieures, mais les gens aisés du pays sont honnêtes et fidèles, et, de plus, fort attachés aux lieux qui les ont vus naître. Un Javan ne quittera que pour un motif indispensable les tombeaux de ses pères; mais il est crédule, superstitieux et pétri de préjugés. Il croit descendre d'une espèce de gibon nommé Woucwou. L'île est partagée en trois divisions militaires : Batavia, Samarang et Sourabaya.

NIGRITIE

A Nigritie a une population d'environ 20,000,000 d'habitants, elle a une superficie de 3,600,000 kilomètres carrés. La Nigritie ne nous était connue que par les rapports mensongers des marchands maures et les relations des Portugais qui trafiquaient, dit-on, avec Tombouctou; mais, depuis quarante ans, des voyageurs ont enfin pénétré dans ce pays et nous en ont fait connaître une partie. On y trouve plusieurs États dont le gouvernement est régulier, et parmi lesquels, ceux de Bornou et de Tombouctou ont longtemps été les plus considérables. Aujourd'hui, le roi ou sultan de Sakatou paraît être le plus puissant. On donne le nom de Fellatahs aux peuples sur lesquels il règne, et qu'on regarde comme les plus industrieux de la Nigritie; c'est une race particulière qui ne s'allie jamais avec les Nègres qui, par la couleur et par les traits, ne lui ressemblent pas. Le roi du Bornou entretient une armée nombreuse composée principalement de cavalerie; les hommes sont cuirassés et les chevaux bardés de fer. Les habitants de la Nigritie sont beaucoup plus avancés dans la civilisation qu'on ne l'avait présumé; ils sont d'un caractère doux et parlent divers idiomes. Il y a dans cette contrée quelques tribus encore sauvages et très-féroces qui sont établies dans les montagnes. La Nigritie fournissait beaucoup d'esclaves aux caravanes qui y viennent principalement par le Fezzan.

La religion mahométane domine dans ce pays; le fétichisme y est aussi répandu, on y trouve quelques chrétiens. La chaleur est excessive dans la Nigritie, quoiqu'un grand nombre de rivières et de lacs rafraîchissent cette contrée. Le sol est en général fertile, mais entrecoupé de déserts sablonneux. La limite du sud est formée par une haute chaîne de montagnes. Le Tchal, lac d'eau douce qui se trouve près de Bornou, paraît être le même que celui que les géographes désignaient sans le connaître sous le nom de Wangara, ou mer intérieure ; ses rives, extrêmement fertiles, sont habitées par une multitude de quadrupèdes et d'oiseaux aquatiques qui ne sont point farouches. La Nigritie renferme des mines de fer qui sont exploitées ; on y recueille aussi de l'or. Les forêts sont très-vastes, les arbres les plus remarquables sont le szouldhi, dont le fruit donne une huile médicinale, le chi ou arbre à beurre, le dattier, l'ébénier, le tamarinier, le bananier. On récolte dans la Nigritie une grande quantité de riz, de coton, de chanvre et d'indigo. On y trouve presque tous nos animaux domestiques, ainsi que les bêtes sauvages de l'Afrique, telles que le lion, la girafe, l'hippopotame, la gazelle, etc,. Ce pays est infesté de crocodiles, de serpents, de scorpions et de sauterelles. Les pays les plus remarquables de la Nigritie sont : le Bambara qui a pour capitale Ségo, l'État de Tombouctou, l'État de Sakatou, l'État de Kaxhna, l'État de Bornou, le Ouaday, capitale Ouara, le Darfour, capitale Cobbé, le Ordofan, capitale Jbéit.

Les villes remarquables de la Nigritie sont : Sakatou qui a une population de 80,000 habitants et qui est la capitale de l'empire des Fellatahs, Engornou, la ville la plus considérable du royaume de Bornou, elle renferme 30,000 habitants, Ségo 30,000 habitants, cette ville fut pendant quelque temps la résidence de Mungo-Park. Tombouctou, 12,000 habitants, une des plus célèbres villes de l'Afrique ; on y fait un grand commerce en lingots d'or, en ivoire, en gomme et en esclaves. Nouveau-Birmie ou Bornou, et Kouka, près du lac Tchad, sont aujourd'hui les deux capitales du royaume. Le Vieux-Birmie était autrefois la capitale du Bornou : il a été détruit par les Fellatahs.

RÉPUBLIQUE ARGENTINE

ETTE république, de l'Amérique méridionale, est bornée : au Nord, par la république de Bolivie ; à l'Est par le dictatorat du Paraguay, la république orientale de l'Uruguay et l'océan Atlantique ; au Sud par l'océan Atlantique et la Patagonie ; à l'Ouest par la Patagonie et les républiques du Chili et de Bolivie. Cet état forme un vaste amphithéâtre adossé aux Andes, se terminant au Nord par des plateaux élevés d'où découlent les eaux tributaires de l'Amazone, et au Sud par une branche de la Cordillère du Chili. Les parties centrales et orientales consistent surtout en immenses plaines. Ses principaux fleuves sont le Rio de la Plata et ses grands affluents, le Rio Colorado ou Mendoza, avec le Rio Diamante ; principaux affluents de celui-ci, le Rio Negro ou Cousou Leonoou, l'Andalgala et le Rio Dolce. La république Argentine, que l'on nomme aussi la Plata, a été découverte en 1515 par Juan Diaz de Solis; elle dépendait autrefois des Espagnols; en 1810, elle s'est soulevée et a formé une république. L'industrie y est encore peu développée; on trouve même dans l'intérieur une population, descendue des anciens Espagnols, qui a embrassé un genre de vie tout à fait indépendant et presque sauvage, et qui ne s'occupe qu'à élever des troupeaux de bœufs et de chevaux. La république Argentine est une république fédérative, fréquemment déchirée par les guerres civiles; la religion catholique est celle de l'État, mais les autres cultes sont tolérés. Le climat de cette contrée est assez chaud pour produire la vigne, l'olivier, le coton, la canne à sucre, etc. Dans la saison des pluies les fleuves débordés forment presque partout d'immenses marais. La république Argentine possède d'innombrables troupeaux de bœufs, de chevaux, de chèvres, de moutons, ainsi que des alpacas, et des vigognes, qui donnent de très-belles laines. On y trouve aussi des crocodiles, et des autruches, moins grandes que celles d'Afrique.

La république Argentine est partagée en quatorze provinces : Buénos Ayres, Jujuy, Salta, Catamarca, Tucuman, Santiago del Estero, Corrientes, Rioja, Cordova, Santa Fé, San Juan, San Luis, Mendoza et Entre Rios, chef-lieu Parana. Les villes remarquables de la république Argentine sont : Buenos Ayres, qui a une population de 120,000 habitants, est située sur la Plata; elle a tiré son nom de la bonté de l'air qu'on y respire. Cette ville fait presque tout le commerce de la république Argentine; elle exporte beaucoup de bestiaux, de mulets, de chevaux, de cuirs, de laine, etc. Les gros navires sont obligés de s'arrêter à 12 kilomètres au-dessous de Buenos Ayres. Mendoza, 12,000 habitants, ville située au pied des Andes; elle produit un bon vin, semblable au malaga. Cordova, 16,000 habitants; cette ville est le centre du commerce intérieur, assez considérable. Parana ou Baxada, 6,000 habitants; ville qui a été pendant quelque temps le chef-lieu de la Confédération Argentine.

SUISSE

ÉPUBLIQUE fédérative. Sa longueur est de 80 lieues; sa largeur moyenne est de 39 lieues, et sa surface de 2,317 lieues carrées. Sa population est de 2,500,000 habitants. Cette belle contrée est traversée par plusieurs chaînes de montagnes : les Alpes Lépontiennes; les Alpes Bernoises, qui vont joindre le Jura; les Alpes Rhétiques; les Alpes des Grisons; toutes ces chaînes ou branches de monts produisent de nombreux rameaux qui couvrent le pays. L'aspect du pays est très-pittoresque. Des glaciers, revêtus de mille couleurs douces et éblouissantes, couronnent les rochers et laissent échapper de leur sein d'innombrables ruisseaux qui tombent avec fracas en cascades gracieuses et en nappes argentées, que dore quelquefois un beau soleil d'été. Tout y est accidenté, tout y est beau, mais quelquefois d'une horrible beauté; car des avalanches, tantôt avalanches-neiges, tantôt avalanches-poussière, formées, celles-ci par la chute de neige que l'air fait glisser des monts, et celles-là par une neige extrêmement compacte que le vent détache des rochers, portent la désolation dans les vallées. A tous ces accidents se joint un phénomène plus rare, mais plus terrible : ce sont des éboulements de quartiers de rochers qui écrasent sous leur masse des villages entiers. La Suisse est divisée en vingt-deux cantons, qui sont : les cantons de Zurich, de Berne, de Lucerne, d'Uri, de Schwitz, d'Unterwald, de Glaris, de Zug, de Fribourg, de Schaffouse, de Soleure, de Bâle, d'Appenzel, de Saint-Gall, des Grisons, de Thurgovie, du Tessin, de Vaud, du Valais, de Neufchâtel, d'Argovie, de Genève.

L'amour de l'indépendance et de la patrie, une fidélité et une bravoure à toute épreuve distinguent les Suisses. Le goût de la musique est très-répandu parmi eux; chaque canton a son costume particulier. Il y a quatre langues en Suisse : l'allemand, sous-divisé en plusieurs dialectes, se parle du nord à l'est; le français est en usage dans les cantons voisins de la France;

l'italien au sud , vers l'Italie; le Grison parle le roman. La religion catholique et la protestante se partagent le pays. Anciennement les Suisses s'appelaient Helvétiens; ils étaient Gaulois d'origine ; César les soumit. Leur pays fut tour à tour sous la domination des Huns , des Bourguignons, des Goths et des Francs. Plus tard ils obéirent à des seigneurs, dont les plus puissants sont ceux de la maison de Hapsbourg, qui monta sur le trône d'Autriche. Sous le règne de l'empereur Albert Ier, des officiers de la cour ayant commis des actes tyranniques à l'égard des Suisses, ceux-ci se révoltèrent sous la conduite de Guillaume Tell. L'insurrection se termina, au bout de sept ans, à l'avantage de la Suisse. Cet État traversa péniblement, au milieu des dissensions religieuses et de la guerre, l'époque qui s'écoula entre la conquête de sa liberté et le commencement du dix-huitième siècle. A peine jouissait-elle de quelque repos, que la révolution française fit germer dans ce pays des idées nouvelles et occasionna une insurrection. Sur la demande du canton de Vaud, les troupes françaises entrèrent dans plusieurs villes de la Confédération. Plus tard, Napoléon devint médiateur de la Confédération helvétique. La constitution fut modifiée sous sa médiation. Certains cantons avaient disparu de la Confédération et avaient été réunis à la France ; ils y rentrèrent en 1815, et la Suisse jouit de la paix jusqu'à la révolution française de 1830. A cette époque, plusieurs cantons s'insurgèrent; la révision de la constitution fut jugée nécessaire et modifiée dans le sens de la démocratie. C'est ce principe qui domine dans la constitution actuelle de la Suisse, et les cantons semblent vouloir lui donner le plus grand développement.

TURQUIE

CE vaste empire s'étend en Europe et en Asie; il est borné au nord par l'empire d'Autriche, la Servie, la Valaquie, la Moldavie, la Bessarabie russe et la mer Noire; à l'est, par la Géorgie et la Perse; au sud, par l'Arabie déserte, la Syrie, l'Adana, la Méditerranée et la Grèce; et à l'ouest, par l'Illyrie, la Dalmatie et la mer Adriatique. Parmi les îles, on compte Samos, Cos, Tasso, Samotraki, Stalimène, Imbro, Ténédos, Rhodes, Lemnos, Chypre, Lesbos et Scarpanto, dans l'Archipel et dans la Méditerranée. L'île des Princes et celle de Marmara, dans la mer de ce dernier nom. Plusieurs chaînes de montagnes traversent cette immense soulthânie. Le Balkan ou l'Eminèh Dagh traverse le centre de la partie d'Europe et court jusqu'à la mer Noire; les monts Kara Sou, le Tchar Dagh s'élèvent en Macédoine. L'Albanie et l'Épire sont couverts de montagnes. Le Despoto Dagh parcourt Roum Ili. Les monts Taurus, Baba Dagh, Loulou Dagh, Baikous Dagh, Ac Deveren, Kalder Dagh, Mourad Dagh et Maltépch traversent la Turquie asiatique qui est arrosée par des rivières autrefois célèbres telles que le Minder Bouïouk (Méandre), le Saraba (Hermus), le Bagouli (Pactole), le Mindes Sou (Simoïs), le Tigre, l'Euphrate. Les fleuves de la Turquie, en Europe, sont le Danube, le Maritza, le Kara Sou, le Jardar, le Zadje Kara Sou, la Salambria, le Drin, la Naranta. On y remarque en outre les lacs Van, Bukama, Ouloubad, Tazlak, Archir, en Asie; et en Europe, le Rasseïn au N. E.; le Betchik et le Takinos, au sud; le Carlas en Thessalie, au centre de ceux de Scutari, de Janina et d'Okreda, à l'ouest. Le sol, depuis la source de la Save jusqu'au royaume de Grèce, est généralement granitique avec des contre-forts calcaires; le calcaire domine dans la haute Albanie et se trouve quelquefois mêlé à l'argile, à la tourbe et à des crêtes granitiques dans la basse Albanie; d'autres fois il cède la place à un pays rocailleux. La nature constitutive du terrain de la Turquie asiatique est trop peu connue pour en parler convenablement. Le climat de l'empire est en général très-doux et très-agréable, surtout vers le midi et à l'est. Ici, en effet, se déploie un des plus beaux pays connus. Un printemps continuel, un ciel serein et sans nuages, des brises embaumées et rafraîchissantes, un luxe étonnant de végétation, reposent délicieusement et réjouissent l'âme du voyageur, ami d'une grande et belle nature. L'industrie et le commerce de la Turquie ne sont ni très-actifs ni très-étendus, mais il faut se garder de croire qu'ils soient dans un état de nullité, et tout porte à espérer qu'ils prendront un nouveau développement par le contact de la France et de l'Angleterre. La Turquie a des fabriques renommées de tapis, que des caravanes vont exporter souvent jusqu'à Semelin, Vienne, et Leipsig même. On y fabrique encore des maroquins des étoffes et des tissus de coton. Les teintureries de Larissa sont fameuses ainsi que ses fabriques de chemises de soie. Des étoffes légères de soie et coton, dites bouerres de la Grèce, se recommandent par leur belle couleur rouge. Plusieurs villes ont des fabriques d'armes et d'orfèvrerie. Les cuirs, les maroquins, les étoffes d'or, de soie et d'argent, le coton filé, le café, la rhubarbe, l'opium, diverses gommes, des essences de rose et des parfums, sont les objets principaux du commerce. Du reste, le commerce y est, en général, fait par des nations étrangères, qui ont établi des consuls ou des facteurs dans les principaux ports. Les Turcs exportent rarement eux-mêmes les produits de leur industrie ou du sol; il faut que l'étranger les vienne prendre. Mais le commerce intérieur est très-important en Turquie.

Nulle ville, nul bourg qui n'ait ses bazars et ses foires régulièrement fréquentés; et, néanmoins, cette espèce de commerce est très-peu favorisé par les routes, qui sont rares et mal entretenues. Presque toutes les religions ont des sectateurs dans l'empire des Osmanlis : l'islamisme est la dominante. La langue turque est la langue employée dans les actes publics et celle du gouvernement. Elle est harmonieuse, douce, riche et sonore; elle était parlée par les anciens Turcs, dont descendent les Osmanlis. Mais cette langue n'est point la seule : le dialecte est commun dans la partie européenne.

Les Turcs sont, en général, indolents dans la paix, furieux dans la guerre, oppresseurs à l'égard des radjàhs, honnêtes et hospitaliers envers les étrangers, sensibles au point d'honneur, pleins de loyauté et fourbes dans l'occasion, inaccessibles à la pitié, passant des transports de la volupté aux privations les plus pénibles, amis dévoués mais ennemis barbares, calmes soit qu'ils arrachent, soit qu'on leur arrache la vie; ministres ou victimes impassibles du Dieu qui régit l'univers, avec l'inflexibilité du destin, ils réunissent de grandes qualités et de grands défauts, des vertus admirables et des vices dégradants. Les Turcs sont généralement bien faits; ils ont des yeux noirs, un nez aquilin, et des formes bien proportionnées. Les Turcs sont originaires du Tourkestan.

BRESIL

ETTE vaste contrée comprend près de la moitié de l'Amérique du Sud, dont elle occupe toute la partie orientale. L'étendue des côtes du Brésil est d'environ 1,000 lieues. En général, elles n'offrent que de grandes îles , si peu découpées que l'on n'y remarque que deux baies, fort belles, il est vrai. Ce sont : la Bahia de todos os Santos et celle de Rio de Janeiro , qui a plutôt l'aspect d'une rade intérieure. Quelques caps aussi remarquables déterminent les grandes divisions. Nous citerons le cap Saint-Roch, qui divise les côtes du nord et celles du sud; le Cabo do Frio , indiquant la limite des côtes orientales et méridionales. Le climat d'une région aussi vaste est naturellement très-varié, quoique cependant toujours soumis à l'influence des grands phénomènes physiques du globe. En général, on peut dire qu'il est très-chaud. Le pays s'étendant sous l'équateur et sous le tropique du Capricorne, la partie située dans la zone tempérée est de peu d'étendue. En effet, elle ne comprend que les États de Saint-Paul et de Rio Grande du Sud, qui doivent leur agréable température plutôt à l'exhaussement du sol qu'à leur situation géonomique. Les plaines de Saint-Paul sont élevées, dans certaines parties, de près de 6,000 pieds au-dessus des plages brûlantes de cette mer, qui baigne la base des bords de ce plateau . A Saint-Paul, l'hiver commence en mai et finit en juin, et quelquefois à Rio Grande de San Pedro et à Sainte-Catherine. Dans toute la région tropicale et équatoriale, l'année se divise en deux saisons : la saison sèche et la saison des pluies.

La durée de celle-ci est très-inégale. Sur la côte orientale, elle comprend les mois de mai, juin, juillet, août et une partie de septembre; au delà du cap Saint-Roch, les pluies ne cessent pas depuis le mois d'octobre jusqu'à celui de mai. Dans l'intérieur, les pluies tombent depuis le mois d'octobre jusqu'à celui de mars. Sur la côte, c'est alors l'époque de la saison sèche qui se prolonge depuis la fin de septembre jusqu'en février. Du reste, ici la chaleur n'est pas aussi forte qu'on pourrait le penser, et les Européens en souffrent rarement. Généralement parlant, le thermomètre ne dépasse guère 19 à 20 degrés Réaumur à midi. C'est la température de Bahia. A Rio, on le voit quelquefois atteindre 26 et 27. A mesure que l'on s'éloigne de la mer, et que le sol s'élève, la température se modifie étrangement. Partout où le sol du Brésil est cultivé, sa fécondité est très-grande et l'on y observe de gigantesques productions végétales.

La population du Brésil se compose d'indigènes, répandus sur toute la surface et divisés en tribus nombreuses, et de descendants des Portugais qui colonisèrent le pays; il faut y ajouter les esclaves, les hommes de couleur libres et les étrangers. Cette population, qu'il est difficile d'évaluer, surtout dans ses premiers éléments, a été l'objet de grandes erreurs; on n'a pas craint de l'élever au delà de 30 millions. Il paraît que l'on peut estimer la population libre à un peu plus de 3 millions, les esclaves à 2 millions, et les Indiens à environ 5 millions. Total : 10 millions. Le nombre des étrangers peut être de 50,000. On y compte surtout un grand nombre de Français; à Rio de Janeiro, ils sont près de 14,000. Au physique, les Brésiliens ressemblent beaucoup aux Portugais; mais ils en diffèrent notablement quant au caractère et aux habitudes, surtout dans les basses classes. Habitués à commander à des esclaves ouvriers, les chefs ouvriers exercent leurs occupations avec des manières qui étonnent l'étranger. C'est en frac noir, quelquefois avec un chapeau à trois cornes, que se présentent au Brésil le serrurier, l'ébéniste appelé pour quelque travail. On parle français dans tous les salons; mais on y suit les usages anglais. L'industrie manufacturière est encore dans l'enfance au Brésil. La culture des terres, l'éducation du bétail, l'exploitation des mines sont les principales branches sur lesquelles s'exerce l'activité des populations; tous les objets de fabrique se tirent d'Europe.

Le Brésil forme une monarchie représentative, avec le titre d'empire. A la tête du gouvernement se trouve l'empereur; puis viennent le sénat et la chambre des députés. Le trône est héréditaire par ordre de primogéniture. L'empereur est assisté d'un conseil des ministres. Les lois proposées par les chambres ont besoin de sa sanction. Il a le droit de dissoudre et de proroger la chambre des députés; il est général en chef de l'armée. Les sénateurs sont nommés par lui à vie; les députés sont élus par les premiers pour quatre ans. Les uns et les autres participent à la confection des lois; mais la chambre des députés a l'initiative sur les impôts, sur le recrutement et sur le choix d'une dynastie en cas d'extinction de la maison régnante. Le pouvoir judiciaire est indépendant, et les juges, nommés par l'empereur, sont inamovibles. On appelle des cours de provinces aux deux cours souveraines.

Tous les Brésiliens, à l'exception des domestiques, des mendiants et des esclaves, jouissent des mêmes droits politiques. La liberté individuelle, la liberté religieuse, le libre exercice de l'industrie, l'inviolabilité des propriétés, la liberté limitée de la presse sont assurés par la constitution. L'instruction publique fait chaque jour des progrès marquants. Les principales villes ont des collèges, des écoles mutuelles. Bahia possède une école de droit, des écoles d'artillerie, de commerce, de chirurgie et de médecine; Rio de Janeiro, une école de droit, une école de marine militaire, une académie des beaux-arts, une bibliothèque considérable, un musée, diverses sociétés savantes; Saint-Paul a aussi une école de droit. Il y a deux ordres de chevalerie : celui de Saint-Pierre, fondé en 1826, et celui de la Rose, fondé à l'occasion du mariage de Don Pedro avec la princesse Amélie de Beauharnais. L'ordre national est la croix du Sud.

ÉTATS-UNIS

Cette vaste république est bornée au nord par les possessions britanniques; à l'est, par l'océan Atlantique; au sud, par le golfe du Mexique. Elle est traversée par deux chaînes de montagnes : les Rocky Mountains (monts Rocheux) à l'ouest, et les monts Alleghang ou Apalaches à l'est. Les premiers se dirigent presque parallèlement aux rivages du grand Océan, et ceux-ci aux côtes de l'océan Atlantique, depuis la Géorgie, à travers les États de Tenessee, de Virginie et de Pensylvanie jusqu'à New York. L'immense vallée, renfermée entre ses deux chaînes, est arrosée par le Mississipi, qui coule du nord au sud dans toute l'étendue des États de l'Union. Le territoire des États-Unis est baigné par trois mers : l'océan Atlantique à l'est, le golfe du Mexique au sud, et le grand Océan à l'ouest.

Le territoire des États-Unis embrassant un espace de 24° de latitude, il est reconnu que tout le pays situé à l'est de Rocky Mountains est de 8 à 10° plus froid que les pays situés aux mêmes latitudes en Europe. Il est assez ordinaire de voir le thermomètre s'élever ou baisser de 10 à 11 degrés (de Réaumur) dans vingt-quatre heures. Il n'y a que trois saisons : l'hiver, l'été et l'automne; aucune transition n'existe entre ces deux premières. Dans le pays plat des États méridionaux les étés sont chauds et malsains; mais les autres saisons sont tempérées et agréables. Dans les États du nord le climat est sain, toutefois il y règne au printemps un vent d'est perçant et froid très-incommode. La fièvre jaune cause d'ailleurs souvent d'affreux ravages à Philadelphie, à New York et dans d'autres ports. Le commerce des États-Unis s'étend à toutes les parties du globe. Les importations sont très-variées; elles se composent principalement de tissus de coton, de laine, de chanvre et de lin; de poterie, de coutellerie, de quincaillerie, d'articles de cuivre et de laiton de fabriques anglaises; de soieries, de vins, d'eaux-de-vie,

venant de France et d'Espagne; de sucre et de café, exportés de la Havane
et du Brésil; du thé, des épices, de la cochenille, de l'indigo, du bois de
teinture, etc.

Les principaux articles d'exportation consistent en farine de froment, riz,
coton ou laine, bœuf et porc salé, poisson sec, beurre et toutes sortes de
comestibles, fourrures, tissus grossiers, tabac, etc.

Les deux points principaux des importations et exportations de cette
vaste république sont : le port de New Yorck et celui de la Nouvelle-
Orléans.

Il existe aux États-Unis une liberté universelle de conscience. On y porte
les diverses croyances chrétiennes à soixante-trois, et qui jouissent des
mêmes prérogatives et de la même protection du gouvernement. L'instruction y est généralement répandue, et il y a une foule d'établissements
publics ou particuliers destinés à l'éducation de la jeunesse. Cette république
a produit plusieurs hommes célèbres, à la tête desquels il est juste de placer
Franklin, Washington et John Adams.

La population des États-Unis s'accroît dans une progression que l'on
évalue, terme moyen, à trois pour cent par an. Elle comprend trois races
d'hommes et plusieurs variétés : les blancs, les hommes de couleur, les
nègres et les Indiens. Les Américains sont fiers de leur indépendance et de
leurs institutions politiques. Ils aiment trop le gain, sont vains et ont
beaucoup de préjugés nationaux. Ils sont libres, mais ils n'aiment la liberté
que pour eux-mêmes. Par une erreur monstrueuse, les Américains
croyaient que tout l'édifice de leur glorieuse liberté s'écroulerait de fond en
comble si les noirs jouissaient des mêmes droits politiques qu'eux, si
l'esclavage était aboli. Après une insurrection des États du Sud, qui dura
plusieurs années et fit couler le sang de plus d'un million d'hommes,
l'esclavage fut aboli.

Les États-Unis forment une république fédérative. Chaque État est
indépendant; il a sa législature particulière, et décide seul de ses intérêts
locaux.

CHINE

E nom de Chine vient de Thsin. Il fut donné à l'empire de Kitaï ou des Kitans, tribu mongol-toungone qui gouvernait alors ce pays. La Chine est hérissée de montagnes qui renferment des mines d'or, d'argent, de cuivre, de plomb, de mercure, de fer, de houille, de sel, etc.; des carrières de marbre, d'ardoises, et de toute espèce de pierre; du cristal de roche, du lapis-lazuli et comensis, du jaspe et de l'ambre. En Chine, les arts sont la plupart stationnaires; et quoique quelques-uns y aient atteint une certaine perfection, notre supériorité, grâce au progrès, n'est plus contestée aujourd'hui. Nos élégantes porcelaines ont détrôné celles de la Chine, autrefois d'un usage presque universel; le nankin a fait place à des tissus dont la variété et la durée égalent le bon marché; les soieries de Chine, les velours, les étoffes de coton, le papier, les laques et autres objets ne sont guère supérieurs à ceux du même genre fabriqués dans les autres parties du monde. Les Chinois ont, de plus que nous, les puits de feu au moyen desquels ils font cuire tout ce qu'ils veulent. Le commerce de la Chine diminue plutôt qu'il n'augmente; aussi le gouvernement favorise-t-il le commerce intérieur comme une garantie de stabilité. Celui de l'extérieur n'est nullement en proportion avec la grandeur et la richesse du pays.

L'exportation du thé est de 50 millions de francs pour les Anglais seulement, et l'importation de l'opium de 45 millions de francs. La dernière guerre entreprise par les Français et les Anglais a ouvert les portes de la Chine au commerce du monde; mais cet immense pays se trouve ravagé par des bandes nombreuses d'insurgés. La Russie continue ses relations par Kiakhta. Les exportations consistent principalement en thé, borax, cannelle, camphre, ginseng de Tartarie, mercure, musc, nankins, ouvrages en ivoire, en écaille, porcelaine, rhubarbe, soie écrue, soieries, etc.; et les importations en acier, noix d'arec, assa-fœtida, cire, clous de girofle, cochenille, corail, coton et soie, ouate, tripanys, écailles de tortue, glaces, ivoires, lainages, montres d'or, nids d'oiseaux, perles, poivre, tabac, l'opium entre par contrebande.

Les Chinois sont divisés en quatre classes : les lettrés, les laboureurs, les artisans et les marchands. Cette classification établit le degré d'estime qu'ils ont pour chacune de ces professions. Elles n'ont aucun rapport avec l'abominable division de castes des malheureux Hindous. On ne connaît point de noblesse héréditaire. Chacun est le fils de ses œuvres; un Chinois distingué par ses talents ou par ses vertus anoblit ses ancêtres. Cette marche rétrograde nous paraît plus raisonnable que l'hérédité. Les lettrés de première classe remplissent les premières charges et forment, en quelque sorte, la noblesse viagère du pays; chacun, avec du zèle, peut aspirer à cet honneur. Le monarque et les princes de la famille impériale jouissent seuls de l'hérédité. La couronne est héréditaire dans la ligne masculine : on ne suit pas toujours l'ordre de primogéniture. Le pouvoir suprême est exercé par l'empereur, qui prend le titre de souverain seigneur et de fils du ciel. Le principe du gouvernement est le despotisme asiatique, caché sous les formes patriarcales. Nulle part, peut-être, on ne trouve autant de patriotisme et d'amour du travail que chez les Chinois : ce sont là leurs plus grandes vertus. On peut leur reprocher le libertinage, un trop grand amour du gain, le mensonge et la lâcheté. La littérature des Chinois est fort riche en poésie, en compositions dramatiques. Leur musique n'est pas bonne, et l'agriculture fait leur principale richesse.

JAPON

MPIRE séparé de la Chine par un bras de mer. Il se compose de trois îles principales : Sikokf, Kiousion ou Bougo, Nipou ou Niphon; de la même étendue et de la même population, à peu près, que les îles Britanniques, et d'un groupe considérable d'autres îles. L'archipel japonais est environné de côtes hérissées de rochers et d'une mer pleine de tempêtes. Depuis deux siècles l'entrée de ses ports était défendue aux Européens et aux étrangers, si l'on en exceptait les Hollandais et les Chinois, qui payaient ce privilége par des conditions dures et humiliantes; ils ne pouvaient aborder que dans un seul port, et ne pénétrer dans l'intérieur sans encourir la confiscation de leurs biens et la mort. Mais la guerre entreprise par les Français et les Espagnols a ouvert la porte de ce beau pays au commerce du monde; les Français y ont établi une colonie à Samgon. Sa capitale est Yeddo; l'empire se divise en soixante-douze provinces, subdivisées en 604 arrondissements, et contient environ 30 millions d'habitants et 13,000 villes. Le Japon est traversé par plusieurs montagnes. Les plus célèbres sont celles de Fieri, que la neige couvre dans toutes les saisons, et celle de Taconi, qui entoure un lac. Quelques-unes renferment des volcans. Les rivières, assez larges et rapides, n'ont pas un long cours; telles sont la Fusigawa, l'Ojingawa et la Jedogawa. Le Japon renferme plusieurs lacs, dont le plus grand est l'Oïtz. Le froid et le chaud sont extrêmes au Japon. L'atmosphère est très-variable; les pluies y tombent en abondance, les tempêtes et les ouragans le désolent fréquemment, et le tonnerre y gronde presque chaque nuit. Il est riche en mines d'or, d'argent, de fer, de cuivre, d'étain. On y trouve des perles rouges et des agates. On a divisé les routes en milles, dont Yeddo, la capitale, est le point de départ. Les chaises à porteurs y sont en usage comme en Chine. Des ordonnances règlent les costumes. Chacun s'habille suivant sa religion, son rang, sa profession, et a des armoiries qui révèlent son nom, son domicile et celui de sa famille. Chez les Japonais, changer de costume c'est changer de religion. Il ne serait pas facile d'imaginer une administration plus uniforme, plus minutieuse que celle du Japon. La liberté individuelle est entièrement subordonnée à l'ordre public; les moindres détails de la vie privée sont réglés par des lois. Chaque rue de chaque ville a son commissaire particulier, ses gardes de nuit, ses soldats, ses agents, son maire, son juge de paix. Le chef de la rue est élu par ses concitoyens et connaît jusqu'à leurs moindres actions. Leur police générale est supérieure à celles de bien des peuples européens. Le Japonais aime la musique; il cultive aussi les sciences et s'applique à l'astronomie, à la géographie et aux mathématiques, et même à l'art dramatique. L'instruction est généralement répandue au Japon; il y a pour les classes pauvres de nombreuses écoles. Les femmes riches passent une partie de leur journée à lire et à écrire : elles sont lettrées.

Le courage, la justice, la propreté et la bienveillance caractérisent les Japonais; ils surpassent en cela les Chinois, ils sont curieux; d'où l'on peut conclure que, sans les préjugés traditionnels contre les missionnaires, l'égoïsme de la politique du gouvernement, leur orgueil patriotique et leur défiance contre les idées qui froissent leurs traditions, on verrait bientôt les Japonais se lier avec les autres peuples et briser les barrières qui les séparent du reste du monde. Il est à souhaiter qu'une révolution les arrache à cette réclusion, qui est une anomalie dans l'espèce humaine, puisqu'elle viole la grande loi de l'association, base de l'harmonie entre les peuples. Vers le seizième siècle, des jésuites portugais parvinrent à s'y introduire et convertirent au christianisme un grand nombre de Japonais.

Des marchands portugais s'y marièrent. L'Europe semblait envahir le Japon, quand les habitants se soulevèrent contre l'Église naissante. Les tentatives postérieures n'ont point réussi aux Portugais qui ont cherché à aborder dans le Japon. Un pilote anglais nommé Adam, jeté par une tempête dans les îles japonaises, retenu par l'affection du souverain, y introduisit les Hollandais de Batavia en 1613. L'influence du favori servit beaucoup aux protégés, qui eurent la permission d'établir un comptoir à Firanda. Depuis l'occupation du pays par les Français, le commerce est ouvert pour toutes les nations, et il est permis aux étrangers de parcourir une partie de l'empire.

MEXIQUE

ETTE république fédérative de l'Amérique septentrionale embrasse d'un coup d'œil la surface du Mexique, dont les deux tiers sont situés sous la zone tempérée, tandis que l'autre tiers appartient à la zone torride. Le climat y est sain dans l'intérieur, quoique pernicieux aux Européens, par les fièvres intermittentes et la fièvre jaune, dite vomito, qui règnent particulièrement sur les côtes. L'intérieur du Mexique forme un plateau immense, élevé de 2,000 à 2,500 mètres au-dessus du niveau de l'eau. Le Mexique est parcouru dans toute sa longueur par une longue chaîne de montagnes se rattachant aux Andes de l'Amérique méridionale par la Cordillère de Guatemala. Le dos même des diverses ramifications de ces montagnes forme le plateau du Mexique, qui paraît sensiblement s'incliner vers le nord, contrairement à la direction des fleuves. Les lacs, dont le Mexique abonde, et dont les eaux de plusieurs ont conservé un goût saumâtre, peuvent être considérés comme les restes de ces immenses bassins d'eau existant jadis dans les hautes plaines des Cordillères. Nous citerons le grand lac de Chapalon, dans la Nouvelle-Galice, les lacs de la vallée de Mexico et le lac de Pazcoazo, dans le gouvernement de Valla-dolid, un des sites les plus pittoresques du globe. La végétation varie comme la température. Le maïs est, au Mexique, la principale nourriture des hommes et des animaux. Les montagnes du Mexique recèlent des mines inépuisables de métaux précieux; celles de Guanaxuato, de Zacatecas, de Calone et de Valenciana sont les plus abondantes; le terme moyen est trois ou quatre onces d'argent par quintal de minerai; mais l'exploitation de ces mines est loin d'être poussée avec activité, vu le peu de fonds disponibles. Il y existe encore des mines de cuivre, de plomb, de fer, d'étain, de zinc, d'antimoine, d'arsenic, de mercure, de houille, etc. Les habitants, anciens colons ou provenant du mélange des indigènes avec le sang blanc, parlent l'espagnol. Les Indiens parlent l'ancienne langue mexicaine, et la religion catholique est la seule professée et tolérée au Mexique. La population, considérablement diminuée par les ravages de la petite vérole, compte encore plus de six millions d'individus, généralement bons cavaliers.

L'empire du Mexique est divisé en vingt États, savoir : le district fédéral ayant pour capitale Mexico, les États de Mexico, Queretaro, Guanaxuato, Michoacan, Xalisco, Zacatecas, Sonora et Cinaloa, Chihouahoua, Durango, Chohahuila et Texas (presque indépendant aujourd'hui), Nueva Leon, Tamaulipas, San Luis de Potosi, Vera Cruz, Puebla, Oaxaca, Chiapa, Tabasco, Yucatan, le territoire des Californies et ceux du Nouveau-Mexique, de Tlascala et de Colima. Les principaux monuments des Mexicains ou Aztèques, anciens maîtres de cette belle contrée, sont, dans l'État de Chiappa, ceux de Tulha et de Palenqué, ou plutôt Coulhouacan, dans l'État d'Oaxaca, celui de Mitla, et dans la grande forêt de Tajin, État de la Vera Cruz, le téocalli de Papautla, construit en pierres de taille d'une grandeur extraordinaire et d'une coupe très-belle; trois escaliers mènent à la cime de ce téocalli; le revêtement des pierres est orné de sculptures hiéroglyphiques, et des niches, disposées avec symétrie, font allusion aux trois cent dix-huit signes du calendrier des Toultèques. Je citerai encore le plus ancien et le plus célèbre de tous les monuments pyramidaux du plateau d'Anahuac, le grand téocalli de Choloula. Cet édifice, qu'on est tenté de prendre de loin pour une colline naturelle, est à l'est de la ville de Choloula, que Cortez, dans ses lettres à Charles-Quint, compare aux villes les plus peuplées d'Espagne. Quatre assises composent l'ensemble du monument, exactement orienté selon les quatre points cardinaux, et, au milieu de la plate-forme, s'élève une église. Il faut enfin nommer les ruines de la muraille et du temple de Tlascala, ceux qu'on trouve au sud de Merida, dans l'État de Yucatan. On trouve dans ce beau pays l'apaxa (cerf mexicain), le couguar, le jaguar, qui représentent le lion et le tigre de l'ancien hémisphère, le bœuf musqué, des troupeaux de bisons sauvages, des élans, de beaux chevaux et à très-bon marché, et presque tous les animaux domestiques de l'Europe, mais d'une taille plus petite. Malgré ses abondants produits, le Mexique est, par les sécheresses, exposé à des famines périodiques. Avant la conquête du Mexique par les Espagnols, ce pays formait un vaste empire, gouverné par des monarques absolus; la religion était le culte du soleil, auquel on sacrifiait une quantité de victimes humaines. Mais Fernand Cortez ayant su profiter des divisions intestines de la famille régnante, l'empire s'écroula avec le culte du soleil.

PÉROU

CETTE république de la partie occidentale de l'Amérique méridionale, est formée de l'ancienne vice-royauté de ce nom. Elle est traversée du sud au nord par les Andes, qui se divisent en deux chaînes à peu près parallèles; l'une, la grande Cordillère des Andes, formant le noyau central du Pérou, et l'autre, beaucoup plus basse, appelée Cordillère de la côte. Les plus hauts sommets des Andes du Pérou dans le sud sont le mont Tajara, volcan éteint, de 5,760 mètres; le Pichon, l'Inchocajo, également éteint, et l'Arequipa, en activité. Le principal lac est le Titicaca, placé sous la zone torride. Le pays est généralement stérile, le climat assez tempéré; cependant les parties situées sur les bords des rivières ou humectées par des eaux souterraines présentent des gommes odoriférantes, résines tinctoriales. La province d'Arequipa est généralement assez bien cultivée; le muscadier et le cannellier viennent naturellement. Dans la Montana Real, le café et le sucre se cultivent avec succès dans les endroits tempérés de la Sierra. La culture du cacao, du chanvre, pourrait être poussée avec plus de vigueur s'il existait des moyens de communication et des voies de transport avec la côte. Les moutons du Pérou fournissent une très-belle laine, ainsi que la vigogne et l'alpaga. Il y a des lamas qui servent de bêtes de somme; on y trouve aussi le chinchilla, le zarilla et le labe, dont les fourrures sont très-estimées. Le jaguar, le couguar, le grand ours noir des Andes, l'ours à fourmi, le gaton marin, semblable à un chat, et dont le poil long et dur sert à faire des brosses, l'élan et plusieurs espèces de singes, une grande variété d'oiseaux d'une grande beauté peuplent les forêts. Les lieux les plus chauds sont infestés par de nombreux reptiles et insectes venimeux. On y trouve le kermès, la cochenille et des abeilles qui fournissent de la cire plus blanche que la cire blanchie d'Europe. Les rivières sont poissonneuses;

mais plusieurs nourrissent des alligators et des requins d'eau douce. La minéralogie offre les roches les plus variées. Le sol est comme imprégné de métaux précieux; l'or n'est pourtant pas le plus commun ni le plus recherché, parce que ce métal se trouve dans les lieux inaccessibles ou dans une gangue trop difficile à fondre. L'exploitation par le lavage est d'un produit plus lucratif. La plupart des rivières roulent de l'or; cependant quelques mines de ce métal sont en exploitation. La plus productive est celle de Santiago de Catagaita. Quant aux mines d'argent, bien plus nombreuses et d'une exploitation plus facile, elles absorbent la principale attention des habitants. Celle de Potosi a fourni pendant deux siècles des trésors inépuisables. Les mines les plus intéressantes sont celles de Goualganas, dans la province de Truxillo, et celle de Yauricochou, près la petite ville de Pasco, dans les provinces de Tarma. La province de Guancabelica contient aussi plusieurs mines d'or, d'argent, de cuivre et de plomb; mais elle est plus importante par ses mines de mercure, si précieux pour la fonte des métaux. Faute d'intelligence dans le mode d'exploitation, elles sont en partie abandonnées. Il nous a été impossible de préciser les produits actuels de ces mines. On trouve aussi dans cette contrée des émeraudes et autres pierres précieuses. L'industrie péruvienne consiste dans la fabrique des harnais, des selles, des brides, des manteaux, des tapis et un grand nombre d'ustensiles et autres objets de luxe en argent et en or. Les principaux articles d'exportation consistent en or, argent, cuivre, eau-de-vie, cacao, sucre, piment, quinquina et autres drogues, laines de vigogne. Le commerce, qui s'était beaucoup affaibli pendant la guerre de l'indépendance, a pris un certain accroissement, surtout avec les îles britanniques. Ce qui l'entrave le plus est le manque de routes, de ponts et de canaux. Le Pérou a pour capitale Lima, et se divise en sept intendances. La population, composée d'Espagnols, de créoles, de métis, de noirs et de mulâtres, est évaluée à 1,700,000 habitants. Toutes ces différentes nuances d'individus jouissent de droits égaux. Les Indiens ou indigènes qui forment la classe la plus nombreuse possèdent peu d'intelligence, un caractère mélancolique abattu par l'oppression; pusillanimes au moment du danger, cruels et hautains dans l'exercice du pouvoir, ils sont adonnés à l'usage des boissons spiritueuses, et c'est à cet excès qu'il faut attribuer la principale cause de la dépopulation parmi eux. L'ancienne langue des Incas, le quinchaua, est encore généralement parlée dans le Pérou par les indigènes et même par les Espagnols; elle est encore, à Lima et dans quelques autres villes, la langue de la galanterie et de la bonne société, et on la préfère infiniment aux autres idiomes différents qu'on parle dans divers districts. Quant aux Indiens indépendants qui habitent dans le nord-est du Pérou, ils sont divisés en plusieurs tribus; leurs armes sont des lances et des flèches empoisonnées;

leur adresse à s'en servir est étonnante. Ils n'ont qu'une idée très-imparfaite de la divinité, à laquelle ils n'érigent ni temples, ni autels. Avant la découverte de l'Amérique, le Pérou formait un empire puissant et civilisé dont les souverains étaient appelés Incas. On les regardait comme les fils du soleil. Les Péruviens employaient l'or aux usages les plus vils et en amassaient pour des sommes immenses dans leurs monuments. On prétend qu'ils avaient orné de quelques arbres, faits avec ce métal, les jardins impériaux de Cuzco. François Pizarre conduisit une troupe d'aventuriers espagnols au Pérou, en 1524, et fit la conquête de cette riche contrée, qui resta soumise à l'Espagne jusqu'en 1821. A cette époque, elle se révolta contre la métropole et se constitua en république. Les Indiens y sont encore beaucoup plus nombreux que les descendants des Européens. Plusieurs peuplades vivent dans l'état sauvage; elles habitent les montagnes. La religion catholique est seule reconnue au Pérou; les sauvages sont livrés au fétichisme.

ÉGYPTE

A surface de cette contrée est en partie montagneuse, en partie plate. La vallée du Nil, qui la traverse du nord au sud, est limitée par deux chaînes de montagnes arides appelées chaînes Arabiques et Libyques. Le Delta est entièrement plat et entrecoupé par de nombreux bras du Nil et par différents canaux, dont le plus considérable est celui de Mahmoudyeh, qui va d'Alexandrie à Rahmanyeh, et renferme les lacs Menzaleh, Bourlos, Mariout, Edkou et Madyeh. La partie occidentale de la grande vallée, ainsi que le Fayoum, est aussi entrecoupée d'un grand nombre de canaux. Cette dernière province renferme le lac Birket-el-Quaroun (l'ancien lac Mœris).

Le climat de l'Égypte est très-chaud et il n'y pleut jamais. Il n'y a que deux saisons : le printemps et l'été ; la première commence en novembre et finit en février, la seconde dure le reste de l'année. En juillet et en août l'air est embrasé, le ciel étincelant et la chaleur brûlante pendant le jour, tandis que les nuits sont froides. Le khamsin, ce vent du désert si redoutable, y règne aussi. Quand il souffle, on est dévoré par une chaleur violente, qui gagne le marbre, le fer et l'eau ; heureusement il ne se prolonge guère au delà de trois jours. Quoi que l'on ait dit de la salubrité de l'Égypte, il n'en est pas moins certain que la peste, la petite vérole et les fièvres inflammatoires y exercent de grands ravages. Une multitude d'individus y sont aussi attaqués d'ophthalmies causées, à ce qu'il paraît, non par le sable du désert que soulèvent les vents, mais par le refroidissement que produit la rosée. La siccité habituelle de l'atmosphère y est d'ailleurs telle, que les viandes exposées, même en été, au vent du nord, ne se putréfient point, mais se dessèchent et se durcissent à l'égal du bois. Le sol de l'Égypte ne produit que par l'inondation régulière du Nil. Lorsqu'elle est haute, l'année est abondante ; lorsqu'elle est basse, la récolte est médiocre. Le Nil commence à s'élever au solstice d'été, et l'inondation croît jusqu'à l'équinoxe, après quoi elle baisse progressivement. Le coup d'œil qu'offre alors le pays est ravissant : c'est le temps de la floraison et c'est celui de la moisson. On recueille en Égypte du blé, du dhourra, du millet, du riz, des légumes en abondance, du coton à longues soies, qui a remplacé, depuis plusieurs années, le coton herbacé; de l'indigo, du lin, du chanvre et de la casse; mais il n'y a ni bois, excepté le dattier, le figuier, le sycomore, l'acacia et quelques autres, ni huile; on y manque aussi de tabac, que l'on tire de la Syrie, et de café, qui vient de l'Arabie. On y élève, outre les nombreux troupeaux du désert, des chevaux, des mulets, des ânes, des pigeons, des tourterelles et une grande quantité de volailles, dont on fait éclore les œufs dans des fours.

On rencontre rarement en Égypte les bêtes féroces des autres parties de l'Afrique, comme le lion, la hyène, le chakal. Quant aux hippopotames et aux crocodiles, ils paraissent aujourd'hui à peu près entièrement relégués dans le Nil méridional.

L'Égypte ne possède qu'un petit nombre de mines métalliques, mais il en existe d'émeraudes. Il y a aussi des carrières de marbre, de jaspe, de granit, de grès. L'une de ses productions les plus remarquables est le natron, que l'on tire des lacs de ce nom. L'industrie manufacturière est encore dans un état très-arriéré en Égypte. La population de l'Égypte se compose d'Arabes, qui en forment la grande masse et qui comprennent les nomades, dont les principales tribus sont : les Hababedéhs, les Béni-Ouassel et les Aulad-Aly, les Fellhas ou laboureurs, et les artisans, d'Africains occidentaux, qui s'adonnent aussi à l'agriculture et aux arts mécaniques, et qui habitent particulièrement la Haute-Égypte; de Koptes, ou descendants des habitants primitifs, qui sont répandus dans le Delta et dans la Haute-Égypte; d'un grand nombre de noirs, de Grecs, d'Israélites, d'Arméniens, de Francs. Il y avait, en outre, à l'époque de l'expédition française (1798), une autre race d'hommes : les Mamelouks, qui gouvernaient alors le pays, mais que Mohammed-Ali a sacrifiés en grande partie à sa politique. En Égypte, les différents peuples et les différentes professions sont distingués les uns des autres par l'habillement; mais tous ont de commun la largeur du pantalon et des manches et la forme des vêtements, excepté les Fellhas, qui n'en ont d'autre qu'une simple chemise bleue, retenue au milieu du corps par une ceinture. En Égypte, on ne se sert point de lits, on couche tout habillé sur des divans ou sur des tapis. Les jardins n'ont pas d'allées; ce ne sont que des berceaux de gros arbres où les Égyptiens, comme tous les orientaux, passent une grande partie de la journée à fumer. Il n'y a ni voitures, ni charrettes, attendu la facilité du transport par eau et à dos de chameaux. Dans les villes, on se sert de chevaux pour se promener, excepté les hommes de loi et les femmes, qui montent des mulets ou des ânes. La langue la plus répandue en Égypte est l'arabe; mais le turc y est aussi fort en usage, ainsi que la langue franque. Le kopte n'est plus parlé que par les individus appartenant à ce peuple. Pour ce qui est des arts et des sciences, jadis si florissants en Égypte, ils y sont, depuis un grand nombre de siècles, retombés dans l'enfance.

Il est vrai que le vice-roi cherche, depuis quelques années, à les relever en fondant, dans différentes villes, des établissements d'instruction publique et en envoyant un certain nombre de jeunes Égyptiens à Paris pour y recevoir leur éducation. Il a fondé une école militaire, une académie de médecine, où l'on professe les diverses branches de la médecine et de la chirurgie. Le mohammédisme est la religion dominante en Égypte, mais les autres cultes y sont tolérés.

NOUVELLE-ZÉLANDE

A Nouvelle-Zélande, que l'on appelle encore Tasmanie ou île Van-Diémen, est séparée du continent de l'Australie par le détroit de Bass, qui a trente lieues de large, semé d'îles, la plupart stériles, et qui en rendent la navigation dangereuse. La Nouvelle-Zélande ou Tasmanie se prolonge du 41e au 44e degré de latitude sud, et du 143e au 146e degré de longitude, et sa largeur et sa longueur sont d'environ 150 milles; sa superficie est d'environ 4,460 lieues carrées. Le climat de cette île est pur et salubre. En hiver, le thermomètre y descend rarement au-dessous de zéro; en été, on n'y est pas accablé par ces chaleurs qui tourmentent les habitants de Sidney, en Australie; on n'y éprouve point ces sécheresses qui, sur ce continent, font périr trop souvent les récoltes, les bestiaux et quelquefois les malheureux indigènes; on y éprouve seulement des bourrasques assez fréquentes, et principalement aux environs d'Hobart Town, ce qui provient peut-être des nombreuses anfractuosités que présente toute sa périphérie. Si on prenait le climat de la Provence, les sites de la Suisse, la fertilité de la Touraine, et qu'on combinât ensemble tous ces avantages, on se ferait une idée assez juste de cette belle contrée. Quoique cette terre soit trop peu étendue pour avoir des rivières considérables, on en trouve qui l'arrosent dans tous les sens, avantage qui manque à l'Australie. Le Derwent au sud et le Tamar au nord sont les deux plus importantes, et elles sont navigables durant un assez long espace. De grands radeaux et des barques sont dirigés avec beaucoup d'adresse par les naturels du pays. On peut encore citer le North Erk, le South Erk, le Lake River, le Jordan, le Shannon et l'Oose, l'Arthur, le Clyde et un grand nombre de torrents qui fertilisent ces vallées toujours vertes. La surface de la Nouvelle-Zélande ou Tasmanie est entrecoupée de montagnes dont les sommets sont neigeux pendant plusieurs mois. L'île renferme des mines de cuivre, d'alun, d'ardoise, du marbre, de l'albâtre, etc. Les espèces de plantes sont, à quelques exceptions près, les plantes australiennes. Ainsi on y trouve le bois noir, le pin d'Amon pour la construction, le pin de la baie de l'Aventure; parmi celles particulières à cette île, je nommerai le plantago trisenpidata, qui offre un bon manger. Les animaux sont à peu près les mêmes qu'en Australie, mais en plus grand nombre; seulement le grand dasyure et le petit dasyure y sont beaucoup plus répandus. Les Tasmaniens aborigènes sont plus noirs et plus intelligents que les Australiens. On les croit généralement issus du mélange des Paponas et des Andamènes. Tasman découvrit cette terre en 1642, et elle porte son nom. Les principales îles dépendantes de la Nouvelle-Zélande ou Tasmanie sont celles de Bruny, le groupe des trois îles Furneaux, Maria Sarah, King, grande et belle, mais sans espérance, et sept autres petites îles qui n'offrent rien de remarquable.

TABLE DES MATIÈRES

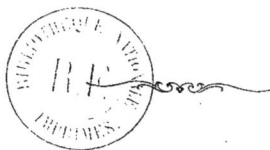

IMPRIMERIE
DE
MAURICE LOIGNON & Cie

CLICHY

Rue du Bas-d'Asnières, 12.

www.ingramcontent.com/pod-product-compliance
Lightning Source LLC
LaVergne TN
LVHW022018080426
835513LV00009B/769